Ali Baba
et les quarante voleurs

EXTRAITS DES MILLES ET UNE NUITS
DANS LA MÊME COLLECTION

Sindbad le marin, *Librio* n° 147
Aladdin ou la Lampe merveilleuse, *Librio* n° 191

Les Mille et Une Nuits

Ali Baba et les quarante voleurs

suivi de

Histoire du Cheval enchanté

Traduction d'Antoine Galland

Librio

Texte intégral

HISTOIRE D'ALI BABA ET DE QUARANTE VOLEURS

EXTERMINÉS PAR UNE ESCLAVE

La sultane Scheherazade, éveillée par la vigilance de Dinarzade sa sœur, raconta au sultan des Indes, son époux, l'histoire à laquelle il s'attendait :

Puissant sultan, dit-elle, dans une ville de Perse, aux confins des États de Votre Majesté, il y avait deux frères, dont l'un se nommait Cassim, et l'autre Ali Baba. Comme leur père ne leur avait laissé que peu de biens et qu'ils les avaient partagés également, il semble que leur fortune devait être égale : le hasard néanmoins en disposa autrement.

Cassim épousa une femme qui, peu de temps après leur mariage, devint héritière d'une boutique bien garnie, d'un magasin rempli de bonnes marchandises, et de biens en fonds de terre, qui le mirent tout à coup à son aise et le rendirent un des marchands les plus riches de la ville.

Ali Baba, au contraire, qui avait épousé une femme aussi pauvre que lui, était logé fort pauvrement, et il n'avait d'autre industrie pour gagner sa vie, et de quoi s'entretenir lui et ses enfants, que d'aller couper du bois dans une forêt voisine, et de venir le vendre à la ville, chargé sur trois ânes qui faisaient toute sa possession.

Ali Baba était un jour dans la forêt, et il achevait d'avoir coupé à peu près assez de bois pour faire la charge de ses ânes, lorsqu'il aperçut une grosse poussière qui s'élevait en l'air et qui avançait droit du côté où il était. Il regarde attentivement, et il distingue une troupe nombreuse de gens à cheval qui venaient d'un bon train.

Quoiqu'on ne parlât pas de voleurs dans le pays, Ali Baba néanmoins eut la pensée que ces cavaliers pouvaient en être. Sans considérer ce que deviendraient ses ânes, il songea à sauver sa personne. Il monta sur un gros arbre, dont les branches à peu de hauteur se séparaient en rond, si près les unes des autres qu'elles n'étaient séparées que par un très petit espace. Il se posta au milieu avec d'autant plus d'assurance qu'il pouvait voir sans être vu ; et l'arbre s'élevait au pied d'un rocher isolé de tous les côtés, beaucoup plus haut que l'arbre, et escarpé de manière qu'on ne pouvait monter au haut par aucun endroit.

Les cavaliers, grands, puissants, tous bien montés et bien armés, arrivèrent près du rocher, où ils mirent pied à terre ; et Ali Baba, qui en compta quarante, à leur mine et à leur équipement, ne douta pas qu'ils ne fussent des voleurs. Il ne se trompait pas : en effet, c'étaient des voleurs qui, sans faire aucun tort aux environs, allaient exercer leurs brigandages bien loin, et avaient là leur rendez-vous ; et ce qu'il les vit faire le confirma dans cette opinion.

Chaque cavalier débrida son cheval, l'attacha, lui passa au cou un sac plein d'orge qu'il avait apporté sur la croupe, et ils se chargèrent chacun de leur valise ; et la plupart des valises parurent si pesantes à Ali Baba qu'il jugea qu'elles étaient pleines d'or et d'argent monnayé.

Le plus apparent, chargé de sa valise comme les autres, qu'Ali Baba prit pour le capitaine des voleurs, s'approcha du rocher, fort près du gros arbre où il s'était réfugié ; et, après qu'il se fut fait chemin au travers de quelques arbrisseaux, il prononça ces paroles si distinctement : *Sésame, ouvre-toi*, qu'Ali Baba les entendit. Dès que le capitaine des voleurs les eut prononcées, une porte s'ouvrit ; et, après qu'il eut fait passer tous ses gens devant lui et qu'ils furent tous entrés, il entra aussi, et la porte se ferma.

Les voleurs demeurèrent longtemps dans le rocher ; et Ali Baba, qui craignait que quelqu'un d'eux, ou que tous ensemble ne sortissent s'il quittait son poste pour se sauver, fut contraint de rester sur l'arbre et d'attendre avec patience. Il fut tenté néanmoins de descendre pour se saisir de deux chevaux, en monter un et mener l'autre par la bride, et de gagner la ville en chassant ses trois ânes devant lui ; mais l'incertitude de l'événement fit qu'il prit le parti le plus sûr.

La porte se rouvrit enfin ; les quarante voleurs sortirent ; et, au lieu que le capitaine était entré le dernier, il sortit le premier, et, après les avoir vus défiler devant lui, Ali Baba entendit qu'il fit refermer la porte en prononçant ces paroles : *Sésame, referme-toi*. Chacun retourna à son cheval, le rebrida, rattacha sa valise, et remonta dessus. Quand ce capitaine enfin vit qu'ils étaient tous prêts à partir, il se mit à la tête, et il reprit avec eux le chemin par où ils étaient venus.

Ali Baba ne descendit pas de l'arbre d'abord ; il dit en lui-même : « Ils peuvent avoir oublié quelque chose à les obliger de revenir, et je me trouverais attrapé si cela arrivait. » Il les conduisit de l'œil jusqu'à ce qu'il les eût perdus de vue, et il ne descendit que longtemps après, pour plus grande sûreté. Comme il avait retenu les paroles par lesquelles le capitaine des voleurs avait fait ouvrir et refermer la porte, il eut la curiosité d'éprouver si en les prononçant elles feraient le même effet. Il passa au travers des arbrisseaux, et il aperçut la porte qu'ils cachaient. Il se présenta devant, et dit : *Sésame, ouvre-toi*, et dans l'instant la porte s'ouvrit toute grande.

Ali Baba s'était attendu de voir un lieu de ténèbres et d'obscurité ; mais il fut surpris d'en voir un bien éclairé, vaste et spacieux, creusé en voûte fort élevée à main d'homme, qui recevait la lumière du haut du rocher par une ouverture pratiquée de même. Il vit de grandes provisions de bouche, des ballots de riches marchandises en piles, des étoffes de soie et de brocart, des tapis de grand prix, et surtout de l'or et de l'argent monnayé par tas, et dans des sacs ou grandes bourses de cuir les unes sur les autres ; et, à voir toutes ces choses, il lui parut qu'il y avait non pas de longues années, mais des siècles que cette grotte servait de retraite à des voleurs qui avaient succédé les uns aux autres.

Ali Baba ne balança pas sur le parti qu'il devait prendre : il entra dans la grotte, et, dès qu'il y fut entré, la porte se referma ; mais cela ne l'inquiéta pas : il savait le secret de la faire ouvrir. Il ne s'attacha pas à l'argent, mais à l'or monnayé, et particulièrement à celui qui était dans les sacs. Il en enleva à plusieurs fois autant qu'il pouvait en porter, et qu'ils purent suffire pour faire la charge de ses trois ânes. Il rassembla ses ânes qui étaient dispersés ; et, quand il les eut fait approcher du rocher, il les chargea des sacs ; et, pour les cacher, il accommoda du bois par-dessus, de manière qu'on ne pouvait les apercevoir. Quand il eut achevé, il se présenta devant la porte, et il n'eut pas prononcé ces paroles : *Sésame, referme-toi*, qu'elle se referma : car elle s'était fermée d'elle-même chaque fois qu'il y était entré, et était demeurée ouverte chaque fois qu'il en était sorti.

Cela fait, Ali Baba reprit le chemin de la ville ; et, en arrivant chez lui, il fit entrer ses ânes dans une petite cour, et referma la porte avec grand soin. Il mit bas le peu de bois qui couvrait les sacs, et il porta les sacs dans sa maison, qu'il posa et arrangea devant sa femme qui était assise sur un sofa.

Sa femme mania les sacs, et, comme elle se fut aperçue qu'ils étaient pleins d'argent, elle soupçonna son mari de les avoir volés ; de sorte que, quand il eut achevé de les apporter tous, elle ne put s'empêcher de lui dire : « Ali Baba, seriez-vous assez malheureux pour... » Ali Baba l'interrompit. « Paix, ma femme ! dit-il, ne vous alarmez pas ; je ne suis pas voleur, à moins que ce ne soit l'être que de prendre sur les voleurs. Vous cesserez d'avoir cette mauvaise opinion de moi quand je vous aurai raconté ma bonne fortune. »

Il vida les sacs, qui firent un gros tas d'or dont sa

femme fut éblouie ; et, quand il eut fait, il lui fit le récit de son aventure depuis le commencement jusqu'à la fin, et, en achevant, il lui recommanda sur toutes choses de garder le secret.

La femme, revenue et guérie de son épouvante, se réjouit avec son mari du bonheur qui leur était arrivé, et elle voulut compter pièce par pièce tout l'or qui était devant elle.

« Ma femme, lui dit Ali Baba, vous n'êtes pas sage : que prétendez-vous faire ? Quand auriez-vous achevé de compter ? Je vais creuser une fosse et l'enfouir dedans ; nous n'avons pas de temps à perdre.

— Il est bon, reprit la femme, que nous sachions au moins à peu près la quantité qu'il y en a. Je vais chercher une petite mesure dans le voisinage, et je le mesurerai pendant que vous creuserez la fosse.

— Ma femme, reprit Ali Baba, ce que vous voulez faire n'est bon à rien ; vous vous en abstiendriez si vous vouliez me croire. Faites néanmoins ce qu'il vous plaira ; mais souvenez-vous de garder le secret. »

Pour se satisfaire, la femme d'Ali Baba sort, et elle va chez Cassim, son beau-frère, qui ne demeurait pas loin. Cassim n'était pas chez lui, et, à son défaut, elle s'adresse à sa femme, qu'elle prie de lui prêter une mesure pour quelques moments. La belle-sœur lui demanda si elle la voulait grande ou petite, et la femme d'Ali Baba lui en demanda une petite.

« Très volontiers, dit la belle-sœur ; attendez un moment, je vais vous l'apporter. »

La belle-sœur va chercher la mesure, elle la trouve ; mais, comme elle connaissait la pauvreté d'Ali Baba, curieuse de savoir quelle sorte de grain sa femme voulait mesurer, elle s'avisa d'appliquer adroitement du suif au-dessous de la mesure, et elle y en appliqua. Elle revint, et, en la présentant à la femme d'Ali Baba, elle s'excusa de l'avoir fait attendre sur ce qu'elle avait eu de la peine à la trouver.

La femme d'Ali Baba revint chez elle ; elle pose la mesure sur le tas d'or, l'emplit, et la vide un peu plus loin sur le sofa, jusqu'à ce qu'elle eût achevé, et elle fut contente du bon nombre de mesures qu'elle en trouva, dont elle fit part à son mari qui venait d'achever de creuser la fosse.

Pendant qu'Ali Baba enfouit l'or, sa femme, pour marquer son exactitude et sa diligence à sa belle-sœur, lui reporte sa mesure, mais sans prendre garde qu'une pièce d'or s'était attachée au-dessous.

« Belle-sœur, dit-elle en la rendant, vous voyez que je n'ai pas gardé longtemps votre mesure ; je vous en suis obligée, je vous la rends. »

La femme d'Ali Baba n'eut pas tourné le dos que la femme de Cassim regarda la mesure par le dessous ; et elle fut dans un étonnement inexprimable d'y voir une pièce d'or attachée. L'envie s'empara de son cœur dans le moment.

« Quoi ! dit-elle, Ali Baba a de l'or par mesure ! Et où le misérable a-t-il pris cet or ? »

Cassim, son mari, n'était pas à la maison, comme nous l'avons dit ; il était à sa boutique, d'où il ne devait revenir que le soir. Tout le temps qu'il se fit attendre fut un siècle pour elle, dans la grande impatience où elle était de lui apprendre une nouvelle dont il ne devait pas être moins surpris qu'elle.

A l'arrivée de Cassim chez lui : « Cassim, lui dit sa femme, vous croyez être riche, vous vous trompez : Ali Baba l'est infiniment plus que vous ; il ne compte pas son or comme vous, il le mesure. »

Cassim demanda l'explication de cette énigme, et elle lui en donna l'éclaircissement en lui apprenant de quelle adresse elle s'était servie pour faire cette découverte, et elle lui montra la pièce de monnaie qu'elle avait trouvée attachée au-dessous de la mesure : pièce si ancienne que le nom du prince qui y était marqué lui était inconnu.

Loin d'être sensible au bonheur qui pouvait être arrivé à son frère pour se tirer de la misère, Cassim en conçut une jalousie mortelle. Il en passa presque la nuit sans dormir. Le lendemain il alla chez lui que le soleil n'était pas levé. Il ne le traita pas de frère : il avait oublié ce nom depuis qu'il avait épousé la riche veuve.

« Ali Baba, dit-il en l'abordant, vous êtes bien réservé dans vos affaires ; vous faites le pauvre, le misérable, le gueux, et vous mesurez l'or !

— Mon frère, reprit Ali Baba, je ne sais de quoi vous voulez me parler. Expliquez-vous.

— Ne faites pas l'ignorant », repartit Cassim. Et, en lui montrant la pièce d'or que sa femme lui avait mise entre les mains : « Combien avez-vous de pièces, ajouta-t-il, semblables à celle-ci que ma femme a trouvée attachée au-dessous de la mesure que la vôtre vint lui emprunter hier ? »

A ce discours, Ali Baba connut que Cassim et la femme de Cassim (par un entêtement de sa propre femme) savaient déjà ce qu'il avait un si grand intérêt de tenir caché ; mais la faute était faite, elle ne pouvait se réparer. Sans donner à son frère la moindre marque d'étonnement ni de chagrin, il lui avoua la chose, et il lui raconta par quel hasard il avait découvert la retraite des voleurs, et en quel endroit ; et il lui offrit, s'il voulait garder le secret, de lui faire part du trésor.

« Je le prétends bien ainsi, reprit Cassim d'un air fier ; mais, ajouta-t-il, je veux savoir aussi où est précisément ce trésor, les enseignes, les marques, et comment je pourrais y entrer moi-même, s'il m'en prenait envie ; autrement je vais vous dénoncer à la justice. Si vous le refusez, non seulement vous n'aurez plus rien à en espérer, vous perdrez même ce que vous avez enlevé, au lieu que j'en aurai ma part pour vous avoir dénoncé. »

Ali Baba, plutôt par son bon naturel qu'intimidé par les menaces insolentes d'un frère barbare, l'instruisit pleinement de ce qu'il souhaitait, et même des paroles dont il fallait qu'il se servît, tant pour entrer dans la grotte que pour en sortir.

Cassim n'en demanda pas davantage à Ali Baba. Il le quitta, résolu de le prévenir ; et, plein d'espérance de s'emparer du trésor lui seul, il part le lendemain de grand matin, avant la pointe du jour, avec dix mulets chargés de grands coffres qu'il se propose de remplir, en se réservant d'en mener un plus grand nombre dans un second voyage, à proportion des charges qu'il trouverait dans la grotte. Il prend le chemin qu'Ali Baba lui avait enseigné ; il arrive près du rocher, et il reconnaît les enseignes et l'arbre sur lequel Ali Baba s'était caché. Il cherche la porte, il la trouve, et, pour la faire ouvrir, il prononce les paroles : *Sésame, ouvre-toi*. La porte s'ouvre, il entre, et aussitôt elle se referme. En examinant la grotte, il est dans une grande admiration de voir beaucoup plus de richesses qu'il ne l'avait compris par le récit d'Ali Baba ; et son admiration augmente à mesure qu'il examine chaque chose en particulier. Avare et amateur des richesses comme il l'était, il eût passé la journée à se repaître les yeux de la vue de tant d'or, s'il n'eût songé qu'il était venu pour l'enlever et pour en charger ses dix mulets. Il en prend un nombre de sacs autant qu'il en peut porter ; et, en venant à la porte pour la faire ouvrir, l'esprit rempli de toute autre idée que ce qui lui importait davantage, il se trouve qu'il oublie le mot nécessaire, et, au lieu de *Sésame*, il dit : *Orge, ouvre-toi* ; et il est bien étonné de voir que la porte, loin de s'ouvrir, demeure fermée. Il nomme plusieurs autres noms de grains autres que celui qu'il fallait, et la porte ne s'ouvre pas.

Cassim ne s'attendait pas à cet événement. Dans le grand danger où il se voit, la frayeur se saisit de sa personne, et plus il fait d'efforts pour se souvenir du mot de Sésame, plus il embrouille sa mémoire, et il en demeure exclu absolument comme si jamais il n'en avait entendu parler. Il jette par terre les sacs dont il était chargé, il se promène à grands pas dans la grotte, tantôt d'un côté, tantôt de l'autre, et toutes les richesses dont il se voit environné ne le touchent plus. Laissons Cassim déplorant son sort, il ne mérite pas de compassion.

Les voleurs revinrent à leur grotte vers le midi ; et, quand ils furent à peu de distance et qu'ils eurent vu les mulets de Cassim autour du rocher, chargés de coffres, inquiets de cette nouveauté, ils avancèrent à toute bride, et firent prendre la fuite aux dix mulets que Cassim avait négligé d'attacher et qui paissaient librement ; de manière qu'ils se dispersèrent deçà et delà dans la forêt, si loin qu'ils les eurent bientôt perdus de vue.

Les voleurs ne se donnèrent pas la peine de courir après les mulets : il leur importait davantage de trouver celui à qui ils appartenaient. Pendant que quelques-uns tournent autour du rocher pour le chercher, le capitaine, avec les autres, met pied à terre et va droit à la porte le sabre à la main, prononce les paroles, et la porte s'ouvre.

Cassim, qui entendit le bruit des chevaux du milieu de la grotte, ne douta pas de l'arrivée des voleurs, non plus que de sa perte prochaine. Résolu au moins à faire un effort pour échapper de leurs mains et se sauver, il s'était tenu prêt à se jeter dehors dès que la porte s'ouvrirait. Il ne la vit pas plus tôt ouverte, après avoir entendu prononcer le mot de Sésame, qui était échappé de sa mémoire, qu'il s'élança en sortant si brusquement qu'il renversa le capitaine par terre. Mais il n'échappa pas aux autres voleurs, qui avaient aussi le sabre à la main, et qui lui ôtèrent la vie sur-le-champ.

Le premier soin des voleurs, après cette exécution, fut d'entrer dans la grotte : ils trouvèrent près de la porte les sacs que Cassim avait commencé d'enlever pour les emporter et en charger ses mulets ; et ils les remirent à leur place sans s'apercevoir de ceux qu'Ali Baba avait emportés auparavant. En tenant conseil et en délibérant ensemble sur cet événement, ils comprirent bien comment Cassim avait pu sortir de la grotte ; mais qu'il y eût pu entrer, c'est ce qu'ils ne pouvaient s'imaginer. Il leur vint en pensée qu'il pouvait être descendu par le haut de la grotte ; mais l'ouverture par où le jour y venait était si élevée, et le haut du rocher était si inaccessible par-dehors, outre que rien ne leur manquait qu'il l'eût fait, qu'ils tombèrent d'accord que cela était hors de leur connaissance. Qu'il fût entré par la porte, c'est ce qu'ils ne pouvaient se persuader, à moins qu'il n'eût eu le secret de la faire ouvrir ; mais ils tenaient pour certain qu'ils étaient les seuls qui l'avaient ; en quoi ils se trompaient, en ignorant qu'ils avaient été épiés par Ali Baba qui le savait.

De quelque manière que la chose fût arrivée, comme il s'agissait que leurs richesses communes fussent en sûreté, ils convinrent de faire quatre quartiers du cadavre de Cassim, et de les mettre près de la porte en dedans de la grotte, deux d'un côté, deux de l'autre, pour épouvanter quiconque aurait la hardiesse de faire une pareille entreprise ; sauf à ne revenir dans la grotte que dans quelque temps, après que la puanteur du cadavre serait exhalée. Cette résolution prise, ils l'exécutèrent ; et, quand ils n'eurent plus rien qui les arrêtât, ils laissèrent le lieu de leur retraite bien fermé, remontèrent à cheval, et allèrent battre la campagne sur les routes fréquentées par les caravanes, pour les attaquer et exercer leurs brigandages accoutumés.

La femme de Cassim cependant fut dans une grande inquiétude quand elle vit qu'il était nuit close et que son mari n'était pas revenu. Elle alla chez Ali Baba tout alarmée, et elle dit : « Beau-frère, vous n'ignorez pas, comme je le crois, que Cassim votre frère est allé à la forêt, et pour quel sujet. Il n'est pas encore revenu, et voilà la nuit avancée ; je crains que quelque malheur ne lui soit arrivé. »

Ali Baba s'était douté de ce voyage de son frère, après le discours qu'il lui avait tenu ; et c'est pour cela qu'il s'était abstenu d'aller à la forêt ce jour-là, afin de ne lui pas donner d'ombrage. Sans lui faire aucun reproche dont elle pût s'offenser, ni son mari, s'il eût été vivant, il lui dit qu'elle ne devait pas encore s'alarmer, et que Cassim apparemment avait jugé à propos de ne rentrer dans la ville que bien avant dans la nuit.

La femme de Cassim le crut ainsi, d'autant plus facilement qu'elle considéra combien il était important que son mari fît la chose secrètement. Elle retourna chez elle, et elle attendit patiemment jusqu'à minuit. Mais après cela ses alarmes redoublèrent avec une douleur d'autant plus sensible qu'elle ne pouvait la faire éclater, ni la soulager par des cris dont elle vit bien que la cause devait être cachée au voisinage. Alors, si sa faute était irréparable, elle se repentit de la folle curiosité qu'elle avait eue par une envie condamnable de pénétrer dans les affaires de son beau-frère et de sa belle-sœur. Elle passa la nuit dans les pleurs, et dès la pointe du jour elle courut chez eux, et elle leur annonça le sujet qui l'amenait plutôt par ses larmes que par ses paroles.

Ali Baba n'attendit pas que sa belle-sœur le priât de se donner la peine d'aller voir ce que Cassim était devenu. Il partit sur-le-champ avec ses trois ânes, après lui avoir recommandé de modérer son affliction, et il alla à la forêt. En approchant du rocher, après n'avoir vu dans le chemin ni son frère, ni les dix mulets, il fut étonné du sang répandu qu'il aperçut près de la porte, et il en prit un mauvais augure. Il se présenta devant la porte, il prononça les paroles, elle s'ouvrit ; et il fut frappé du triste spectacle du corps de son frère mis en quatre quartiers. Il n'hésita pas sur le parti qu'il devait prendre pour rendre les derniers devoirs à son frère, en oubliant le peu d'amitié fraternelle qu'il avait eu pour lui. Il trouva dans la grotte de quoi faire deux paquets des quatre quartiers, dont il fit la charge d'un de ses ânes, avec du bois pour les cacher. Il chargea les deux autres ânes de sacs pleins d'or et de bois par-dessus, comme la première fois, sans perdre de temps ; et, dès qu'il eut achevé et qu'il eut commandé à la porte de se refermer, il reprit le chemin de la ville ; mais il eut la précaution de s'arrêter à la sortie de la forêt assez de temps pour n'y rentrer que de nuit. En arrivant chez lui, il ne fit entrer dans sa cour que les deux ânes chargés d'or, et, après avoir laissé à sa femme le soin de les décharger et lui avoir fait part en peu de mots de ce qui était arrivé à Cassim, il conduisit l'autre âne chez sa belle-sœur.

Ali Baba frappa à la porte, qui lui fut ouverte par

Morgiane : cette Morgiane était une esclave adroite, entendue et féconde en inventions pour faire réussir les choses les plus difficiles ; et Ali Baba la connaissait pour telle. Quand il fut entré dans la cour, il déchargea l'âne du bois et des deux paquets, et, en prenant Morgiane à part : « Morgiane, dit-il, la première chose que je te demande, c'est un secret inviolable : tu vas voir combien il nous est nécessaire autant à ta maîtresse qu'à moi. Voilà le corps de ton maître dans ces deux paquets : il s'agit de le faire enterrer comme s'il était mort de sa mort naturelle. Fais-moi parler à ta maîtresse, et sois attentive à ce que je lui dirai. »

Morgiane avertit sa maîtresse, et Ali Baba, qui la suivait, entra.

« Hé bien, beau-frère, demanda la belle-sœur à Ali Baba avec grande impatience, quelle nouvelle apportez-vous de mon mari ? Je n'aperçois rien sur votre visage qui doive me consoler.

— Belle-sœur, répondit Ali Baba, je ne puis vous rien dire qu'auparavant vous ne me promettiez de m'écouter depuis le commencement jusqu'à la fin sans ouvrir la bouche. Il ne vous est pas moins important qu'à moi, dans ce qui est arrivé, de garder un grand secret pour votre bien et pour votre repos.

— Ah ! s'écria la belle-sœur sans élever la voix, ce préambule me fait connaître que mon mari n'est plus ; mais en même temps je connais la nécessité du secret que vous me demandez. Il faut bien que je me fasse violence : dites, je vous écoute. »

Ali Baba raconta à sa belle-sœur tout le succès de son voyage jusqu'à son arrivée avec le corps de Cassim.

« Belle-sœur, ajouta-t-il, voilà un sujet d'affliction pour vous d'autant plus grand que vous vous y attendiez moins. Quoique le mal soit sans remède, si quelque chose néanmoins est capable de vous consoler, je vous offre de joindre le peu de bien que Dieu m'a envoyé au vôtre, en vous épousant, et en vous assurant que ma femme n'en sera pas jalouse et que vous vivrez bien ensemble. Si la proposition vous agrée, il faut songer à faire en sorte qu'il paraisse que mon frère est mort de sa mort naturelle ; c'est un soin dont il me semble que vous pouvez vous reposer sur Morgiane, et j'y contribuerai de mon côté de tout ce qui sera en mon pouvoir. »

Quel meilleur parti pouvait prendre la veuve de Cassim que celui qu'Ali Baba lui proposait, elle qui, avec les biens qui lui demeuraient par la mort de son premier mari, en trouvait un autre plus riche qu'elle, et qui, par la découverte du trésor qu'il avait faite, pouvait le devenir davantage ? Elle ne refusa pas le parti, elle le regarda au contraire comme un motif raisonnable de consolation. En essuyant ses larmes qu'elle avait commencé de verser en abondance, en supprimant les cris perçants ordinaires aux femmes qui ont perdu leurs maris, elle témoigna suffisamment à Ali Baba qu'elle acceptait son offre.

Ali Baba laissa la veuve de Cassim dans cette disposition ; et, après avoir recommandé à Morgiane de bien s'acquitter de son personnage, il retourna chez lui avec son âne.

Morgiane ne s'oublia pas ; elle sortit en même temps qu'Ali Baba, et alla chez un apothicaire qui était dans le voisinage : elle frappe à la boutique, on ouvre, elle demande d'une sorte de tablette très salutaire dans les maladies les plus dangereuses. L'apothicaire lui en donna pour l'argent qu'elle avait présenté, en demandant qui était malade chez son maître.

« Ah ! dit-elle avec un grand soupir, c'est Cassim lui-même, mon bon maître ! On n'entend rien à sa maladie, il ne parle ni ne peut manger. »

Avec ces paroles, elle emporte les tablettes, dont véritablement Cassim n'était plus en état de faire usage.

Le lendemain, la même Morgiane vient chez le même apothicaire, et demande, les larmes aux yeux, d'une essence dont on avait coutume de ne faire prendre aux malades qu'à la dernière extrémité, et qu'on n'espérait rien de leur vie, si cette essence ne les faisait revivre.

« Hélas ! dit-elle avec une grande affliction, en la

recevant des mains de l'apothicaire, je crains fort que ce remède ne fasse pas plus d'effet que les tablettes ! Ah ! que je perds un bon maître ! »

D'un autre côté, comme on vit toute la journée Ali Baba et sa femme d'un air triste faire plusieurs allées et venues chez Cassim, on ne fut pas étonné sur le soir d'entendre des cris lamentables de la femme de Cassim, et surtout de Morgiane, qui annonçaient que Cassim était mort.

Le jour suivant de grand matin, que le jour ne faisait que commencer à paraître, Morgiane, qui savait qu'il y avait sur la place un bonhomme de savetier fort vieux, qui ouvrait tous les jours sa boutique le premier, longtemps avant les autres, sort, et elle va le trouver. En l'abordant et en lui donnant le bonjour, elle lui mit une pièce d'or dans la main.

Baba Moustafa, connu de tout le monde sous ce nom, Baba Moustafa, dis-je, qui était naturellement gai, et qui avait toujours le mot pour rire, en regardant la pièce d'or, à cause qu'il n'était pas encore bien jour, et en voyant que c'était de l'or : « Bonne étrenne ! dit-il ; de quoi s'agit-il ? Me voilà prêt à bien faire.

— Baba Moustafa, lui dit Morgiane, prenez ce qui vous est nécessaire pour coudre, et venez avec moi promptement ; mais à condition que je vous banderai les yeux quand nous serons dans un tel endroit. »

A ces paroles, Baba Moustafa fit le difficile.

« Oh ! oh ! reprit-il, vous voulez donc me faire faire quelque chose contre ma conscience ou contre mon honneur ? »

En lui mettant une autre pièce d'or dans la main : « Dieu garde, reprit Morgiane, que j'exige rien de vous que vous ne puissiez faire en tout honneur ! Venez seulement, et ne craignez rien. »

Baba Moustafa se laissa mener ; et Morgiane, après lui avoir bandé les yeux avec un mouchoir à l'endroit qu'elle avait marqué, le mena chez défunt son maître, et elle ne lui ôta le mouchoir que dans la chambre où elle avait mis le corps, chaque quartier à sa place.

Quand elle le lui eut ôté : « Baba Moustafa, dit-elle, c'est pour vous faire coudre les pièces que voilà que je vous ai amené. Ne perdez pas de temps ; et, quand vous aurez fait, je vous donnerai une autre pièce d'or. »

Quand Baba Moustafa eut achevé, Morgiane lui rebanda les yeux dans la même chambre ; et, après lui avoir donné la troisième pièce d'or qu'elle lui avait promise et lui avoir recommandé le secret, elle le ramena jusqu'à l'endroit où elle lui avait bandé les yeux en l'amenant ; et là, après lui avoir ôté encore le mouchoir, elle le laissa retourner chez lui, en le conduisant de vue jusqu'à ce qu'elle ne le vît plus, afin de lui ôter la curiosité de revenir sur ses pas pour l'observer elle-même.

Morgiane avait fait chauffer de l'eau pour laver le corps de Cassim : ainsi Ali Baba, qui arriva comme elle venait de rentrer, le lava, le parfuma d'encens, et l'ensevelit avec les cérémonies accoutumées. Le menuisier apporta aussi la bière qu'Ali Baba avait pris le soin de commander.

Afin que le menuisier ne pût s'apercevoir de rien, Morgiane reçut la bière à la porte ; et, après l'avoir payé et renvoyé, elle aida à Ali Baba à mettre le corps dedans ; et, quand Ali Baba eut bien cloué les planches par-dessus, elle alla à la mosquée avertir que tout était prêt pour l'enterrement. Les gens de la mosquée, destinés pour laver les corps des morts, s'offrirent pour venir s'acquitter de leur fonction ; mais elle leur dit que la chose était faite.

Morgiane, de retour, ne faisait presque que de rentrer quand l'iman et d'autres ministres de la mosquée arrivèrent. Quatre des voisins assemblés chargèrent la bière sur leurs épaules ; et, en suivant l'iman, qui récitait des prières, ils la portèrent au cimetière. Morgiane en pleurs, comme esclave du défunt, suivit la tête nue, en poussant des cris pitoyables, en se frappant la poitrine de grands coups et en s'arrachant les cheveux ; et Ali Baba marchait après, accompagné des voisins qui se détachaient tour à tour, de temps en temps, pour relayer et soulager les autres voisins qui portaient la bière, jusqu'à ce qu'on arrivât au cimetière.

Pour ce qui est de la femme de Cassim, elle resta dans sa maison, en se désolant et en poussant des cris lamentables avec les femmes du voisinage, qui, selon la coutume, y accoururent pendant la cérémonie de l'enterrement, et qui, en joignant leurs lamentations aux siennes, remplirent tout le quartier de tristesse bien loin aux environs.

De la sorte, la mort funeste de Cassim fut cachée et dissimulée entre Ali Baba, sa femme, la veuve de Cassim et Morgiane, avec un ménagement si grand que personne de la ville, loin d'en avoir connaissance, n'en eut pas le moindre soupçon.

Trois ou quatre jours après l'enterrement de Cassim, Ali Baba transporta le peu de meubles qu'il avait, avec l'argent qu'il avait enlevé du trésor des voleurs, qu'il ne porta que de nuit dans la maison de la veuve de son frère, pour s'y établir ; ce qui fit connaître son nouveau mariage avec sa belle-sœur. Et, comme ces sortes de mariages ne sont pas extraordinaires dans notre religion, personne n'en fut surpris.

Quant à la boutique de Cassim, Ali Baba avait un fils qui depuis quelque temps avait achevé son apprentissage chez un autre gros marchand, qui avait toujours rendu témoignage de sa bonne conduite ; il la lui donna, avec promesse, s'il continuait de se gouverner sagement, qu'il ne serait pas longtemps à le marier avantageusement selon son état.

Laissons Ali Baba jouir des commencements de sa bonne fortune et parlons des quarante voleurs. Ils revinrent à leur retraite de la forêt dans le temps dont ils étaient convenus ; mais ils furent dans un grand étonnement de ne pas trouver le corps de Cassim, et il augmenta quand ils se furent aperçus de la diminution de leurs sacs d'or.

« Nous sommes découverts et perdus, dit le capitaine, si nous n'y prenons garde ; et, si nous ne cherchons promptement à y apporter le remède, insensiblement nous allons perdre tant de richesses, que nos ancêtres et nous avons amassées avec tant de peine et de fatigues. Tout ce que nous pouvons juger du dommage qu'on nous a fait, c'est que le voleur que nous avons surpris a eu le secret de faire ouvrir la porte, et que nous sommes arrivés heureusement à point nommé dans le temps qu'il en allait sortir. Mais il n'était pas le seul ; un autre doit l'avoir comme lui. Son corps emporté et notre trésor diminué en sont des marques incontestables ; et, comme il n'y a pas d'apparence que plus de deux personnes aient eu ce secret, après avoir fait périr l'un, il faut que nous fassions périr l'autre de même. Qu'en dites-vous, braves gens ? n'êtes-vous pas de même avis que moi ? »

La proposition du capitaine des voleurs fut trouvée si raisonnable par sa compagnie qu'ils l'approuvèrent tous, et qu'ils tombèrent d'accord qu'il fallait abandonner toute autre entreprise pour ne s'attacher uniquement qu'à celle-ci, et ne s'en départir qu'ils n'y eussent réussi.

« Je n'en attendais pas moins de votre courage et de votre bravoure, reprit le capitaine ; mais avant toutes choses, il faut que quelqu'un de vous hardi, adroit et entreprenant, aille à la ville, sans armes et en habit de voyageur et d'étranger, et qu'il emploie tout son savoir-faire pour découvrir si on n'y parle pas de la mort étrange de celui que nous avons massacré comme il le méritait, qui il était, en quelle maison il demeurait. C'est ce qu'il nous est important que nous sachions d'abord, pour ne rien faire dont nous ayons lieu de nous repentir, en nous découvrant nous-mêmes dans un pays où nous sommes inconnus depuis si longtemps, et où nous avons un si grand intérêt de continuer de l'être. Mais, afin d'animer celui de vous qui s'offrira pour se charger de cette commission, et l'empêcher de se tromper en nous venant faire un rapport faux, au lieu d'un véritable, qui serait capable de causer notre ruine, je vous demande si vous ne jugez pas à propos qu'en ce cas-là il se soumette à la peine de mort. »

Sans attendre que les autres donnassent leurs suffrages : « Je m'y soumets, dit l'un des voleurs, et je fais gloire d'exposer ma vie en me chargeant de la commission. Si je n'y réussis pas, vous vous souviendrez au moins que je n'aurai manqué ni de bonne volonté ni de courage pour le bien commun de la troupe. »

Ce voleur, après avoir reçu de grandes louanges du capitaine et de ses camarades, se déguisa de manière que personne ne pouvait le prendre pour ce qu'il était. En se séparant de la troupe, il partit la nuit, et il prit si bien ses mesures qu'il entra dans la ville dans le temps que le jour ne faisait que commencer à paraître. Il avança jusqu'à la place, où il ne vit qu'une seule boutique ouverte et c'était celle de Baba Moustafa.

Baba Moustafa était assis sur son siège, l'alêne à la main, déjà prêt de travailler de son métier. Le voleur alla l'aborder, en lui souhaitant le bonjour ; et, comme il se fut aperçu de son grand âge : « Bonhomme, dit-il, vous commencez à travailler de grand matin ; il n'est pas possible que vous y voyiez encore clair, âgé comme vous l'êtes ; et, quand il ferait plus clair, je doute que vous ayez d'assez bons yeux pour coudre.

— Qui que vous soyez, reprit Baba Moustafa, il faut que vous ne me connaissiez pas. Si vieux que vous me voyez, je ne laisse pas d'avoir les yeux excellents ; et vous n'en douterez pas quand vous saurez qu'il n'y a pas longtemps que j'ai cousu un mort dans un lieu où il ne faisait guère plus clair qu'il fait présentement. »

Le voleur eut une grande joie de s'être adressé en arrivant à un homme qui d'abord, comme il n'en douta pas, lui donnait de lui-même la nouvelle de ce qui l'avait amené, sans le lui demander.

« Un mort ! » reprit-il avec étonnement. Et, pour le faire parler : « Pourquoi coudre un mort ? ajouta-t-il. Vous voulez dire apparemment que vous avez cousu le linceul dans lequel il a été enseveli ? — Non, non, repartit Baba Moustafa : je sais ce que je veux dire. Vous voudriez me faire parler, mais vous n'en saurez pas davantage. »

Le voleur n'avait pas besoin d'un éclaircissement plus

ample pour être persuadé qu'il avait découvert ce qu'il était venu chercher. Il tira une pièce d'or, et, en la mettant dans la main de Baba Moustafa, il lui dit : « Je n'ai garde de vouloir entrer dans votre secret, quoique je puisse vous assurer que je ne le divulguerais pas si vous me l'aviez confié. La seule chose dont je vous prie, c'est de me faire la grâce de m'enseigner, ou de venir me montrer la maison où vous avez cousu ce mort.
— Quand j'aurais la volonté de vous accorder la grâce que vous me demandez, reprit Baba Moustafa, en tenant la pièce d'or prêt à la rendre, je vous assure que je ne pourrais pas le faire, et vous devez m'en croire sur ma parole. En voici la raison : c'est qu'on m'a mené jusqu'à un certain endroit où l'on m'a bandé les yeux, et de là en me laissant conduire jusque dans la maison, d'où, après avoir fait ce que je devais faire, on me ramena de la même manière jusqu'au même endroit. Vous voyez l'impossibilité qu'il y a que je puisse vous rendre service.

— Au moins, repartit le voleur, vous devez vous souvenir à peu près du chemin qu'on vous a fait faire les yeux bandés. Venez, je vous prie, avec moi, je vous banderai les yeux en cet endroit-là, et nous marcherons ensemble par le même chemin et par les mêmes détours que vous pourrez vous remettre dans la mémoire d'avoir marché ; et, comme toute peine mérite récompense, voici une autre pièce d'or. Venez, faites-moi le plaisir que je vous demande. » Et, en disant ces paroles, il lui mit une autre pièce dans la main.

Les deux pièces d'or tentèrent Baba Moustafa ; il les regarda quelque temps dans sa main sans dire mot, en se consultant savoir ce qu'il devait faire. Il tira enfin sa bourse de son sein, et, en les mettant dedans : « Je ne puis vous assurer, dit-il au voleur, que je me souvienne précisément du chemin qu'on me fit faire ; mais, puisque vous le voulez ainsi, allons, je ferai ce que je pourrai pour m'en souvenir. »

Baba Moustafa se leva à la grande satisfaction du voleur ; et, sans fermer sa boutique, où il n'y avait rien de conséquence à perdre, il mena le voleur avec lui jusqu'à l'endroit où Morgiane lui avait bandé les yeux. Quand ils y furent arrivés : « C'est ici, dit Baba Moustafa, qu'on m'a bandé, et j'étais tourné comme vous me voyez. » Le voleur, qui avait son mouchoir prêt, les lui banda, et il marcha à côté de lui, en partie en le conduisant, en partie en se laissant conduire par lui, jusqu'à ce qu'il s'arrêtât.

« Il me semble, dit Baba Moustafa, que je n'ai point passé plus loin. » Et il se trouva véritablement devant la maison de Cassim, où Ali Baba demeurait alors. Avant de lui ôter le mouchoir de devant les yeux, le voleur fit promptement une marque à la porte avec de la craie qu'il tenait prête ; et, quand il le lui eut ôté, il lui demanda s'il savait à qui appartenait la maison. Baba Moustafa lui répondit qu'il n'était pas du quartier, et ainsi qu'il ne pouvait lui en rien dire.

Comme le voleur vit qu'il ne pouvait apprendre rien davantage de Baba Moustafa, il le remercia de la peine qu'il lui avait fait prendre ; et, après qu'il l'eut quitté et laissé retourner à sa boutique, il reprit le chemin de la forêt, persuadé qu'il serait bien reçu.

Peu de temps après que le voleur et Baba Moustafa se furent séparés, Morgiane sortit de la maison d'Ali Baba pour quelque affaire ; et, en revenant, elle remarqua la marque que le voleur y avait faite ; elle s'arrêta pour y faire attention. « Que signifie cette marque ? dit-elle en elle-même ; quelqu'un voudrait-il du mal à mon maître ou l'a-t-on faite pour se divertir ? A quelque intention qu'on l'ait pu faire, ajouta-t-elle, il est bon de se précautionner contre tout événement. » Elle prend aussitôt de la craie ; et, comme les deux ou trois portes au-dessus et au-dessous étaient semblables, elle les marqua au même endroit, et elle rentra dans la maison sans parler de ce qu'elle venait de faire ni à son maître ni à sa maîtresse.

Le voleur cependant, qui continuait son chemin, arriva à la forêt et rejoignit sa troupe de bonne heure. En arrivant il fit rapport du succès de son voyage, en exagérant le bonheur qu'il avait eu d'avoir trouvé d'abord un homme par lequel il avait appris le fait dont il était venu s'informer, ce que personne que lui n'eût pu lui apprendre. Il fut écouté avec une grande satisfaction ; et le capitaine, en prenant la parole, après l'avoir loué de sa diligence : « Camarades, dit-il en s'adressant à tous, nous n'avons pas de temps à perdre ; partons bien armés, sans qu'il paraisse que nous le soyons ; et, quand nous serons entrés dans la ville séparément, les uns après les autres, pour ne pas donner de soupçon, que le rendez-vous soit dans la grande place, les uns d'un côté, les autres d'un autre, pendant que j'irai reconnaître la maison avec notre camarade, qui vient de nous apporter une si bonne nouvelle, afin que là-dessus je juge du parti qui nous conviendra le mieux.

Le discours du capitaine des voleurs fut applaudi, et ils furent bientôt en état de partir. Ils défilèrent deux à deux, trois à trois ; et, en marchant à une distance raisonnable les uns des autres, ils entrèrent dans la ville sans donner aucun soupçon. Le capitaine et celui qui était venu le matin y entrèrent les derniers. Celui-ci mena le capitaine dans la rue où il avait marqué la maison d'Ali Baba ; et, quand il fut devant une des portes qui avaient été marquées par Morgiane, il la lui fit remarquer en lui disant que c'était celle-là. Mais, en continuant leur chemin sans s'arrêter afin de ne pas se rendre suspects, comme le capitaine eut observé que la porte qui suivait était marquée de la même marque et au même endroit, il le fit remarquer à son conducteur, et il lui demanda si c'était celle-ci ou la première. Le conducteur demeura confus, et il ne sut que répondre, encore moins quand il eut vu avec le capitaine que les quatre ou cinq portes qui suivaient avaient aussi la même marque. Il assura au capitaine, avec serment, qu'il n'en avait marqué qu'une. « Je ne sais, ajouta-t-il, qui peut avoir marqué les autres avec tant de ressemblance mais, dans cette confusion, j'avoue que je ne peux distinguer laquelle est celle que j'ai marquée. »

Le capitaine, qui vit son dessein avorté, se rendit à la

grande place, où il fit dire à ses gens, par le premier qu'il rencontra, qu'ils avaient perdu leur peine et fait un voyage inutile, et qu'ils n'avaient d'autre parti à prendre que de reprendre le chemin de leur retraite commune. Il en donna l'exemple, et ils le suivirent tous dans le même ordre qu'ils étaient venus.

Quand la troupe se fut rassemblée dans la forêt, le capitaine leur expliqua la raison pourquoi il les avait fait revenir. Aussitôt le conducteur fut déclaré digne de mort tout d'une voix, et il s'y condamna lui-même en reconnaissant qu'il aurait dû prendre mieux ses précautions, et il présenta le cou avec fermeté à celui qui se présenta pour lui couper la tête.

Comme il s'agissait, pour la conservation de la bande, de ne pas laisser sans vengeance le tort qui lui avait été fait, un autre voleur, qui se promit de mieux réussir que celui qui venait d'être châtié, se présenta, et demanda en grâce d'être préféré. Il est écouté. Il marche ; il corrompt Baba Moustafa comme le premier l'avait corrompu, et Baba Moustafa lui fait connaître la maison d'Ali Baba, les yeux bandés. Il la marque de rouge dans un endroit moins apparent, en comptant que c'était un moyen sûr pour la distinguer d'avec celles qui étaient marquées de blanc.

Mais, peu de temps après, Morgiane sortit de la maison comme le jour précédent ; et, quand elle revint, la marque rouge n'échappa pas à ses yeux clairvoyants. Elle fit le même raisonnement qu'elle avait fait, et elle ne manqua pas de faire la même marque de crayon rouge aux autres portes voisines et aux mêmes endroits.

Le voleur, à son retour vers sa troupe dans la forêt, ne manqua pas de faire valoir la précaution qu'il avait prise, comme infaillible, disait-il, pour ne pas confondre la maison d'Ali Baba avec les autres. Le capitaine et ses gens croient avec lui que la chose doit réussir. Ils se rendent à la ville dans le même ordre et avec les mêmes soins qu'auparavant, armés aussi de même, prêts à faire le coup qu'ils méditaient ; et le capitaine et le voleur, en arrivant, vont à la rue d'Ali Baba ; mais ils trouvent la même difficulté que la première fois. Le capitaine en est indigné, et le voleur dans une confusion aussi grande que celui qui l'avait précédé avec la même commission.

Ainsi, le capitaine fut contraint de se retirer encore ce jour-là avec ses gens, aussi peu satisfait que le jour d'auparavant. Le voleur, comme auteur de la méprise, subit pareillement le châtiment auquel il s'était soumis volontairement.

Le capitaine, qui vit sa troupe diminuée de deux braves sujets, craignit de la voir diminuer davantage s'il continuait de s'en rapporter à d'autres pour être informé au vrai de la maison d'Ali Baba. Leur exemple lui fit connaître qu'ils n'étaient propres, tous, qu'à des coups de main, et nullement à agir de tête dans les occasions. Il se chargea de la chose lui-même ; il vint à la ville, et, avec l'aide de Baba Moustafa, qui lui rendit le même service qu'aux deux députés de sa troupe, il ne s'amusa pas à faire aucune marque pour connaître la maison d'Ali Baba ; mais il l'examina si bien, non seulement en la considérant attentivement, mais même en passant et en repassant à diverses fois par-devant, qu'il n'était pas possible qu'il s'y méprît.

Le capitaine des voleurs, satisfait de son voyage et instruit de ce qu'il avait souhaité, retourna à la forêt ; et, quand il fut arrivé dans la grotte où sa troupe l'attendait : « Camarades, dit-il, rien enfin ne peut plus nous empêcher de prendre une pleine vengeance du dommage qui nous a été fait. Je connais avec certitude la maison du coupable sur qui elle doit tomber ; et dans le chemin j'ai songé aux moyens de la lui faire sentir si adroitement que personne ne pourra avoir connaissance du lieu de notre retraite, non plus que de notre trésor : car c'est le but que nous devons avoir dans notre entreprise ; autrement, au lieu de nous être utile, elle nous serait funeste. Pour parvenir à ce but, continua le capitaine, voici ce que j'ai imaginé. Quand je vous l'aurai exposé, si quelqu'un sait un expédient meilleur, il pourra le communiquer. » Alors il leur expliqua de quelle manière il prétendait s'y comporter ; et, comme ils lui eurent tous donné leur approbation, il les chargea, en se partageant dans les bourgs et dans les villages d'alentour, et même dans la ville, d'acheter des mulets, jusqu'au nombre de dix-neuf, et trente-huit grands vases de cuir à transporter de l'huile, l'un plein, et les autres vides.

En deux ou trois jours de temps, les voleurs eurent fait tout cet amas. Comme les vases vides étaient un peu étroits par la bouche pour l'exécution de son dessein, le capitaine les fit un peu élargir ; et, après avoir fait entrer un de ses gens dans chacun avec les armes qu'il avait jugées nécessaires, en laissant ouvert ce qu'il avait fait découdre, afin de leur laisser la respiration libre, il les ferma de manière qu'ils paraissaient pleins d'huile ; et, pour les mieux déguiser, il les frotta par le dehors d'huile, qu'il prit du vase qui en était plein.

Les choses ainsi disposées, quand les mulets furent chargés des trente-sept voleurs, sans y comprendre le capitaine, chacun caché dans un des vases, et du vase qui était plein d'huile, leur capitaine, comme conducteur, prit le chemin de la ville, dans le temps qu'il avait résolu, et y arriva à la brune, environ une heure après le coucher du soleil, comme il se l'était proposé. Il y entra, et il alla droit à la maison d'Ali Baba, dans le dessein de frapper à la porte et de demander à y passer la nuit avec ses mulets, sous le bon plaisir du maître. Il n'eut pas la peine de frapper : il trouva Ali Baba à la porte, qui prenait le frais après le souper. Il fit arrêter ses mulets, et, en s'adressant à Ali Baba : « Seigneur, dit-il, j'amène l'huile que vous voyez, de bien loin, pour la vendre demain au marché ; et, à l'heure qu'il est, je ne sais où aller loger. Si cela ne vous incommode pas, faites-moi le plaisir de me recevoir chez vous pour y passer la nuit : je vous en aurai obligation. »

Quoique Ali Baba eût vu dans la forêt celui qui lui parlait, et même entendu sa voix, comment eût-il pu le reconnaître pour le capitaine des quarante voleurs, sous le déguisement d'un marchand d'huile ?

« Vous êtes le bienvenu, lui dit-il, entrez. » Et, en disant ces paroles, il lui fit place pour le laisser entrer avec ses mulets, comme il le fit.

En même temps, Ali Baba appela un esclave qu'il avait, et lui commanda, quand les mulets seraient déchargés, de les mettre non seulement à couvert dans l'écurie, mais même de leur donner du foin et de l'orge. Il prit aussi la peine d'entrer dans la cuisine, et d'ordonner à Morgiane d'apprêter promptement à souper pour l'hôte qui venait d'arriver, et de lui préparer un lit dans une chambre.

Ali Baba fit plus : pour faire à son hôte tout l'accueil possible, quand il vit que le capitaine des voleurs avait déchargé ses mulets, que les mulets avaient été menés dans l'écurie comme il l'avait commandé, et qu'il cherchait une place pour passer la nuit à l'air, il alla le prendre pour le faire entrer dans la salle où il recevait son monde, en lui disant qu'il ne souffrirait pas qu'il couchât dans la cour. Le capitaine des voleurs s'en excusa fort, sous prétexte de ne vouloir pas être incommode, mais, dans le vrai, pour avoir lieu d'exécuter ce qu'il méditait avec plus de liberté ; et il ne céda aux honnêtetés d'Ali Baba qu'après de fortes instances.

Ali Baba, non content de tenir compagnie à celui qui en voulait à sa vie, jusqu'à ce que Morgiane lui eût servi le souper, continua de l'entretenir de plusieurs choses qu'il crut pouvoir lui faire plaisir, et il ne le quitta que quand il eut achevé le repas dont il l'avait régalé.

« Je vous laisse le maître, lui dit-il : vous n'avez qu'à demander toutes les choses dont vous pouvez avoir besoin ; il n'y a rien chez moi qui ne soit à votre service. »

Le capitaine des voleurs se leva en même temps qu'Ali Baba, et l'accompagna jusqu'à la porte ; et, pendant qu'Ali Baba alla dans la cuisine pour parler à Morgiane, il entra dans la cour, sous prétexte d'aller à l'écurie voir si rien ne manquait à ses mulets.

Ali Baba, après avoir recommandé de nouveau à Morgiane de prendre un grand soin de son hôte et de ne le laisser manquer de rien : « Morgiane, ajouta-t-il, je t'avertis que demain je vais au bain avant le jour ; prends soin que mon linge de bain soit prêt, et de le donner à Abdalla (c'était le nom de son esclave), et fais-moi un bon bouillon, pour le prendre à mon retour. » Après lui avoir donné ces ordres, il se retira pour se coucher.

Le capitaine des voleurs, cependant, à la sortie de l'écurie, alla donner à ses gens l'ordre de ce qu'ils devaient faire. En commençant depuis le premier vase jusqu'au dernier, il dit à chacun : « Quand je jetterai de petites pierres de la chambre où l'on me loge, ne manquez pas de vous faire ouverture en fendant le vase depuis le haut jusqu'en bas avec le couteau dont vous êtes muni, et d'en sortir : aussitôt je serai à vous. »

Le couteau dont il parlait était pointu et affilé pour cet usage.

Cela fait, il revint ; et comme il se fut présenté à la porte de la cuisine, Morgiane prit de la lumière, et elle le conduisit à la chambre qu'elle lui avait préparée, où elle le laissa après lui avoir demandé s'il avait besoin de quelque autre chose. Pour ne pas donner de soupçon, il éteignit la lumière peu de temps après, et il se coucha tout habillé, prêt à se lever dès qu'il aurait fait son premier somme.

Morgiane n'oublia pas les ordres d'Ali Baba : elle prépare son linge de bain, elle en charge Abdalla qui n'était pas encore allé se coucher, elle met le pot au feu pour le bouillon, et, pendant qu'elle écume le pot, la lampe s'éteint. Il n'y avait plus d'huile dans la maison, et la chandelle y manquait aussi. Que faire ? Elle a besoin cependant de voir clair pour écumer son pot ; elle en témoigne sa peine à Abdalla.

« Te voilà bien embarrassée, lui dit Abdalla. Va prendre de l'huile dans un des vases que voilà dans la cour. »

Morgiane remercia Abdalla de l'avis, et, pendant qu'il va se coucher près de la chambre d'Ali Baba, pour le suivre au bain, elle prend la cruche à l'huile et elle va dans la cour. Comme elle se fut approchée du premier vase qu'elle rencontra, le voleur qui était caché dedans demanda en parlant bas : « Est-il temps ? »

Quoique le voleur eût parlé bas, Morgiane néanmoins fut frappée de la voix d'autant plus facilement que le capitaine des voleurs, dès qu'il eut déchargé ses mulets, avait ouvert, non seulement ce vase, mais même tous les autres, pour donner de l'air à ses gens, qui d'ailleurs y étaient fort mal à leur aise, sans y être encore privés de la facilité de respirer.

Toute autre esclave que Morgiane, aussi surprise qu'elle le fut en trouvant un homme dans un vase, au lieu d'y trouver de l'huile qu'elle cherchait, eût fait un vacarme capable de causer de grands malheurs. Mais Morgiane était au-dessus de ses semblables : elle comprit en un instant l'importance de garder le secret, le danger pressant où se trouvaient Ali Baba et sa famille et où elle se trouvait elle-même, et la nécessité d'y apporter promptement le remède, sans faire d'éclat ; et par sa capacité elle en pénétra d'abord les moyens. Elle rentra donc en elle-même dans le moment, et, sans faire paraître aucune émotion, en prenant la place du capitaine des voleurs, elle répondit à la demande, et elle dit : « Pas encore, mais bientôt. » Elle s'approcha du vase qui suivait, et la même demande lui fut faite, et ainsi de suite, jusqu'à ce qu'elle arrivât au dernier qui était plein d'huile ; et à la même demande elle donna la même réponse.

Morgiane connut par là que son maître Ali Baba, qui avait cru ne donner à loger chez lui qu'à un marchand d'huile, y avait donné entrée à trente-huit voleurs, en y comprenant le faux marchand, leur capitaine. Elle remplit en diligence sa cruche d'huile, qu'elle prit du dernier vase ; elle revint dans sa cuisine, où, après avoir mis de l'huile dans la lampe et l'avoir rallumée, elle prend une grande chaudière, elle retourna à la cour où elle l'emplit de l'huile du vase. Elle la rapporte, la met sur le feu, et met dessous force bois, parce que plus tôt l'huile bouillira, plus tôt elle aura exécuté ce qui doit contribuer au salut commun de la maison, qui ne demande pas de retardement. L'huile bout enfin ; elle prend la chaudière, et elle va verser dans chaque vase assez d'huile toute bouillante, depuis le premier jusqu'au dernier, pour les étouffer et leur ôter la vie, comme elle la leur ôta.

Cette action, digne du courage de Morgiane, exécutée sans bruit, comme elle l'avait projeté, elle revient dans la cuisine avec la chaudière vide, et ferme la porte. Elle éteint le grand feu qu'elle avait allumé, et elle n'en laisse qu'autant qu'il en faut pour achever de faire cuire le pot du bouillon d'Ali Baba. Ensuite elle souffle la lampe, et elle demeure dans un grand silence, résolue de ne pas se coucher qu'elle n'eût observé ce qui arriverait, par une fenêtre de la cuisine qui donnait sur la cour, autant que l'obscurité de la nuit pouvait le permettre.

Il n'y avait pas encore un quart d'heure que Morgiane attendait, quand le capitaine des voleurs s'éveilla. Il se lève ; il regarde par la fenêtre qu'il ouvre ; et, comme il n'aperçoit aucune lumière et qu'il voit régner un grand repos et un profond silence dans la maison, il donne le signal en jetant de petites pierres, dont plusieurs tombèrent sur les vases, comme il n'en douta point par le son qui lui en vint aux oreilles. Il prête l'oreille, et il n'entend ni n'aperçoit rien qui lui fasse connaître que ses gens se mettent en mouvement. Il en est inquiet : il jette de petites pierres une seconde et une troisième fois. Elles tombent sur les vases, et cependant pas un des voleurs ne donne le moindre signe de vie, et il n'en peut comprendre la raison. Il descend dans la cour tout alarmé, avec le moins de bruit qu'il lui est possible ; il approche de même du premier vase, et, quand il veut demander au voleur, qu'il croit vivant, s'il dort, il sent une odeur d'huile chaude et de brûlé qui s'exhale du vase, par où il connaît que son entreprise contre Ali Baba, pour lui ôter la vie et pour piller sa maison, et pour emporter, s'il pouvait, l'or qu'il avait enlevé à sa communauté, était échouée. Il passe au vase qui suivait, et à tous les autres l'un après l'autre, et il trouve que tous ses gens avaient péri par le même sort ; et, par la diminution de l'huile dans le vase qu'il avait apporté plein, il connut la manière dont on s'y était pris pour le priver du secours qu'il en attendait. Au désespoir d'avoir manqué son coup, il enfila la porte du jardin d'Ali Baba, qui donnait dans la cour, et de jardin en jardin, en passant par-dessus les murs, il se sauva.

Quand Morgiane n'entendit plus de bruit et qu'elle ne vit pas revenir le capitaine des voleurs, après avoir attendu quelque temps, elle ne douta pas du parti qu'il avait pris plutôt que de chercher à se sauver par la porte de la maison, qui était fermée à double tour. Satisfaite et dans une grande joie d'avoir si bien réussi à mettre toute la maison en sûreté, elle se coucha enfin, et elle s'endormit.

Ali Baba cependant sortit avant le jour, et alla au bain, suivi de son esclave, sans rien savoir de l'événement étonnant qui était arrivé chez lui pendant qu'il dormait, au sujet duquel Morgiane n'avait pas jugé à propos de l'éveiller, avec d'autant plus de raison qu'elle n'avait pas de temps à perdre dans le temps du danger, et qu'il était inutile de troubler son repos, après qu'elle l'eut détourné.

En revenant des bains, et en rentrant chez lui, que le soleil était levé, Ali Baba fut si surpris de voir encore les vases d'huile dans leur place, et que le marchand ne se fût pas rendu au marché avec ses mulets, qu'il en demanda la raison à Morgiane qui lui était venue ouvrir, et qui avait laissé toutes choses dans l'état où il les voyait, pour lui en donner le spectacle et lui expliquer plus sensiblement ce qu'elle avait fait pour sa conservation.

« Mon bon maître, dit Morgiane en répondant à Ali Baba, Dieu vous conserve, vous et toute votre maison ! Vous apprendrez mieux ce que vous désirez savoir quand vous aurez vu ce que j'ai à vous faire voir : prenez la peine de venir avec moi. »

Ali Baba suivit Morgiane. Quand elle eut fermé la porte, elle le mena au premier vase. « Regardez dans le vase, lui dit-elle, et voyez s'il y a de l'huile. »

Ali Baba regarda ; et, comme il eut vu un homme dans le vase, il se tira en arrière, tout effrayé, avec un grand cri.

« Ne craignez rien, lui dit Morgiane, l'homme que vous voyez ne vous fera pas de mal ; il en a fait, mais il n'est plus en état d'en faire, ni à vous, ni à personne : il n'a plus de vie.

— Morgiane, s'écria Ali Baba, que veut dire ce que tu viens de me faire voir ? Explique-le-moi.

— Je vous l'expliquerai, dit Morgiane ; mais modérez votre étonnement, et n'éveillez pas la curiosité des voisins d'avoir connaissance d'une chose qu'il est très important que vous teniez cachée. Voyez auparavant tous les autres vases. »

Ali Baba regarda dans les autres vases l'un après l'autre, depuis le premier jusqu'au dernier où il y avait de l'huile, dont il remarqua que l'huile était notablement diminuée ; et, quand il eut fait, il demeura comme immobile, tantôt en jetant les yeux sur les vases, tantôt en regardant Morgiane sans dire mot, tant la surprise où il était était grande. A la fin, comme si la parole lui fût revenue : « Et le marchand, demanda-t-il, qu'est-il devenu ?

— Le marchand, répondit Morgiane, est aussi peu marchand que je suis marchande. Je vous dirai aussi qui il est, et ce qu'il est devenu. Mais vous apprendrez toute l'histoire plus commodément dans votre chambre : car il est temps, pour le bien de votre santé, que vous preniez un bouillon après être sorti du bain. »

Pendant qu'Ali Baba se rendit dans sa chambre, Morgiane alla à la cuisine prendre le bouillon ; elle le lui apporta, et, avant de le prendre, Ali Baba lui dit : « Commence toujours à satisfaire l'impatience où je suis, et raconte-moi une histoire si étrange, avec toutes ses circonstances. »

Morgiane, pour obéir à Ali Baba, lui dit : « Seigneur, hier au soir, quand vous vous fûtes retiré pour vous coucher, je préparai votre linge de bain comme vous veniez de me le commander, et j'en chargeai Abdalla.

Ensuite je mis le pot au feu pour le bouillon ; et, comme je l'écumais, la lampe, faute d'huile, s'éteignit tout à coup, et il n'y en avait pas une goutte dans la cruche. Je cherchai quelques bouts de chandelle, et je n'en trouvai pas un. Abdalla, qui me vit embarrassée, me fit souvenir des vases pleins d'huile qui étaient dans la cour, comme il n'en doutait pas non plus que moi, et comme vous l'avez cru vous-même. Je pris la cruche et je courus au vase le plus voisin. Mais, comme je fus près du vase, il en sortit une voix qui me demanda : « Est-il temps ? » Je ne m'effrayai pas ; mais, en comprenant sur-le-champ la malice du faux marchand, je répondis sans hésiter : « Pas encore, mais bientôt. » Je passai au vase qui suivait ; et une autre voix me fit la même demande, à laquelle je répondis de même. J'allai aux autres vases l'un après l'autre : à pareille demande pareille réponse, et je ne trouvai de l'huile que dans le dernier vase, dont j'emplis la cruche. Quand j'eus considéré qu'il y avait trente-sept voleurs au milieu de votre cour, qui n'attendaient que le signal ou que le commandement de leur chef, que vous aviez pris pour un marchand, et à qui vous aviez fait un si grand accueil, au point de mettre toute la maison en combustion, je ne perdis pas de temps : je rapportai la cruche, j'allumai la lampe ; et, après avoir pris la chaudière la plus grande de la cuisine, j'allai l'emplir d'huile. Je la mis sur le feu, et, quand elle fut bien bouillante, j'en allai verser dans chaque vase où étaient les voleurs, autant qu'il en fallut pour les empêcher tous d'exécuter le pernicieux dessein qui les avait amenés. La chose ainsi terminée de la manière que je l'avais méditée, je revins dans la cuisine, j'éteignis la lampe ; et, avant que je me couchasse, je me mis à examiner tranquillement, par la fenêtre, quel parti prendrait le faux marchand d'huile. Au bout de quelque temps, j'entendis que pour signal il jeta de sa fenêtre de petites pierres qui tombèrent sur les vases. Il en jeta une seconde et une troisième fois ; et, comme il n'aperçut ou n'entendit aucun mouvement, il descendit, et je le vis aller de vase en vase jusqu'au dernier ; après quoi l'obscurité de la nuit fit que je le perdis de vue. J'observai encore quelque temps ; et, comme je vis qu'il ne revenait pas, je ne doutai pas qu'il ne se fût sauvé par le jardin, désespéré d'avoir si mal réussi. Ainsi, persuadée que la maison était en sûreté, je me couchai. »

En achevant, Morgiane ajouta : « Voilà quelle est l'histoire que vous m'avez demandée, et je suis convaincue que c'est la suite d'une observation que j'avais faite depuis deux ou trois jours, dont je n'avais pas cru devoir vous entretenir, qui est qu'une fois, en revenant de la ville de bon matin, j'aperçus que la porte de la rue était marquée de blanc, et le jour d'après de rouge, après la marque blanche, et que chaque fois, sans savoir à quel dessein cela pouvait avoir été fait, j'avais marqué de même, et au même endroit, deux ou trois portes de nos voisins, au-dessous et au-dessus. Si vous joignez cela avec ce qui vient d'arriver, vous trouverez que le tout a été machiné par les voleurs de la forêt, dont je ne sais pourquoi la troupe est diminuée de deux. Quoi qu'il en soit, la voilà réduite à trois au plus. Cela fait voir qu'ils avaient juré votre perte, et qu'il est bon que vous vous teniez sur vos gardes tant qu'il sera certain qu'il en restera quelqu'un au monde. Quant à moi, je n'oublierai rien pour veiller à votre conservation, comme j'y suis obligée. »

Quand Morgiane eut achevé, Ali Baba, pénétré de la grande obligation qu'il lui avait, lui dit : « Je ne mourrai pas que je ne t'aie récompensée comme tu le mérites. Je te dois la vie ; et, pour commencer à t'en donner une marque de reconnaissance, je te donne la liberté dès à présent, en attendant que j'y mette le comble de la manière que je me le propose. Je suis persuadé avec toi que les quarante voleurs m'ont dressé ces embûches. Dieu m'a délivré par ton moyen. J'espère qu'il continuera de me préserver de leur méchanceté, et qu'en achevant de la détourner de dessus ma tête, il délivrera le monde de leur persécution et de leur engeance maudite. Ce que nous avons à faire, c'est d'enterrer incessamment les corps de cette peste du genre humain avec un si grand secret que personne ne puisse rien soupçonner de leur destinée ; et c'est à quoi je vais travailler avec Abdalla.

Le jardin d'Ali Baba était d'une grande longueur, terminé par de grands arbres. Sans différer, il alla sous ces arbres, avec son esclave, creuser une fosse longue et large à proportion des corps qu'ils avaient à y enterrer. Le terrain était aisé à remuer, et ils ne mirent pas un long temps à l'achever. Ils tirèrent les corps hors des vases, et ils mirent à part les armes dont les voleurs s'étaient munis. Ils transportèrent ces corps au bout du jardin, et ils les arrangèrent dans la fosse ; et, après les avoir couverts de la terre qu'ils en avaient tirée, ils dispersèrent ce qui en restait aux environs, de manière que le terrain parut égal comme auparavant. Ali Baba fit cacher soigneusement les vases à l'huile et les armes ; et quant aux mulets, dont il n'avait pas besoin pour lors, il les envoya au marché à différentes fois, où il les fit vendre par son esclave.

Pendant qu'Ali Baba prenait toutes ces mesures pour ôter à la connaissance du public par quel moyen il était devenu si riche en peu de temps, le capitaine des quarante voleurs était retourné à la forêt avec une mortification inconcevable ; et dans l'agitation, ou plutôt dans la confusion où il était d'un succès si malheureux et si contraire à ce qu'il s'était promis, il était rentré dans la grotte, sans avoir pu s'arrêter à aucune résolution, dans le chemin, sur ce qu'il devait faire ou ne pas faire à Ali Baba.

La solitude où il se trouva dans cette sombre demeure lui parut affreuse. « Braves gens, s'écria-t-il, compagnons de mes veilles, de mes courses et de mes travaux, où êtes-vous ? que puis-je faire sans vous ? Vous avais-je assemblés et choisis pour vous voir périr tous à la fois par une destinée si fatale et si indigne de votre courage ? Je vous regretterais moins si vous étiez morts le sabre à la main en vaillants hommes. Quand aurai-je fait une autre troupe de gens de main comme vous ? Et, quand je le voudrais, pourrais-je l'entreprendre, et ne pas exposer tant d'or, tant d'argent, tant de richesses à la proie de celui qui s'est déjà enrichi d'une partie ? Je ne puis et je ne dois y songer qu'auparavant je ne lui aie ôté la vie. Ce que je n'ai pu faire avec un secours si puissant, je le ferai moi seul ; et, quand j'aurai pourvu de la sorte à ce que ce trésor ne soit plus exposé au pillage, je travaillerai à faire en sorte qu'il ne demeure ni sans successeurs ni sans maître après moi, qu'il se conserve et qu'il s'augmente dans toute la postérité. »

Cette résolution prise, il ne fut pas embarrassé à chercher les moyens de l'exécuter ; et alors, plein d'espérance et l'esprit tranquille, il s'endormit et passa la nuit assez paisiblement.

Le lendemain, le capitaine des voleurs, éveillé de grand matin, comme il se l'était proposé, prit un habit fort propre, conformément au dessein qu'il avait médité, et il vint à la ville, où il prit un logement dans un khan ; et, comme il s'attendait que ce qui s'était passé chez Ali Baba pouvait avoir fait de l'éclat, il demanda au concierge, par manière d'entretien, s'il y avait quelque chose de nouveau dans la ville ; sur quoi le concierge parla de tout autre chose que de ce qu'il lui importait de savoir. Il jugea de là que la raison pourquoi Ali Baba gardait un si grand secret venait de ce qu'il ne voulait pas que la connaissance qu'il avait du trésor, et du moyen d'y entrer, fût divulguée, et de ce qu'il n'ignorait pas que c'était pour ce sujet qu'on en voulait à sa vie. Cela l'anima davantage à ne rien négliger pour se défaire de lui par la même voie du secret.

Le capitaine des voleurs se pourvut d'un cheval, dont il se servit pour transporter à son logement plusieurs sortes de riches étoffes et de toiles fines, en faisant plusieurs voyages à la forêt avec les précautions nécessaires pour cacher le lieu où il les allait prendre. Pour débiter ces marchandises, quand il en eut amassé ce qu'il avait jugé à propos, il chercha une boutique. Il en trouva une ; et, après l'avoir prise à louage du propriétaire, il la garnit, et il s'y établit. La boutique qui se trouva vis-à-vis de la sienne était celle qui avait appartenu à Cassim, et qui était occupée par le fils d'Ali Baba il n'y avait pas longtemps.

Le capitaine des voleurs, qui avait pris le nom de Cogia Houssain, comme nouveau venu, ne manqua pas faire civilité aux marchands ses voisins, selon la coutume. Mais, comme le fils d'Ali Baba était jeune, bien fait, qu'il ne manquait pas d'esprit, et qu'il avait occasion plus souvent de lui parler et de s'entretenir avec lui qu'avec les autres, il eut bientôt fait amitié avec lui. Il s'attacha même à le cultiver plus fortement et plus assidûment quand, trois ou quatre jours après son établissement, il eut reconnu Ali Baba qui vint voir son fils, qui s'arrêta à s'entretenir avec lui, comme il avait coutume de le faire de temps en temps, et qu'il eut appris du fils, après qu'Ali Baba l'eut quitté, que c'était son père. Il augmenta ses empressements auprès de lui ; il le caressa, il lui fit de petits présents, il le régala même, et il lui donna plusieurs fois à manger.

Le fils d'Ali Baba ne voulut pas avoir tant d'obligation à Cogia Houssain sans lui rendre la pareille. Mais il était logé étroitement, et il n'avait pas la même commodité que lui pour le régaler comme il le souhaitait. Il parla de son dessein à Ali Baba son père, en lui faisant remarquer qu'il ne serait pas bienséant qu'il demeurât plus longtemps sans reconnaître les honnêtetés de Cogia Houssain.

Ali Baba se chargea du régal avec plaisir. « Mon fils, dit-il, il est demain vendredi ; comme c'est un jour que les gros marchands, comme Cogia Houssain et comme vous, tiennent leurs boutiques fermées, faites avec lui une partie de promenade pour l'après-dînée, et en revenant faites en sorte que vous le fassiez passer par chez moi et que vous le fassiez entrer. Il sera mieux que la chose se fasse de la sorte que si vous l'invitiez dans les formes. Je vais ordonner à Morgiane de faire le souper et de le tenir prêt. »

Le vendredi, le fils d'Ali Baba et Cogia Houssain se

trouvèrent l'après-dînée au rendez-vous qu'ils s'étaient donné, et ils firent leur promenade. En revenant, comme le fils d'Ali Baba avait affecté de faire passer Cogia Houssain par la rue où demeurait son père, quand ils furent arrivés devant la porte de la maison, il l'arrêta, et, en frappant : « C'est, lui dit-il, la maison de mon père, lequel, sur le récit que je lui ai fait de l'amitié dont vous m'honorez, m'a chargé de lui procurer l'honneur de votre connaissance. Je vous prie d'ajouter ce plaisir à tous les autres dont je vous suis redevable. »

Quoique Cogia Houssain fût arrivé au but qu'il s'était proposé, qui était d'avoir entrée chez Ali Baba et de lui ôter la vie sans hasarder la sienne, en ne faisant pas d'éclat, il ne laissa pas néanmoins de s'excuser, et de faire semblant de prendre congé du fils ; mais, comme l'esclave d'Ali Baba venait d'ouvrir, le fils le prit obligeamment par la main, et, en entrant le premier, il le tira et le força en quelque manière d'entrer comme malgré lui.

Ali Baba reçut Cogia Houssain avec un visage ouvert et avec le bon accueil qu'il pouvait souhaiter. Il le remercia des bontés qu'il avait pour son fils. « L'obligation qu'il vous en a, et que je vous en ai moi-même, ajouta-t-il, est d'autant plus grande que c'est un jeune homme qui n'a pas encore l'usage du monde, et que vous ne dédaignez pas de contribuer à le former. »

Cogia Houssain rendit compliment pour compliment à Ali Baba, en lui assurant que, si son fils n'avait pas encore acquis l'expérience de certains vieillards, il avait un bon sens qui lui tenait lieu de l'expérience d'une infinité d'autres.

Après un entretien de peu de durée sur d'autres sujets indifférents, Cogia Houssain voulut prendre congé. Ali Baba l'arrêta. « Seigneur, dit-il, où voulez-vous aller ? Je vous prie de me faire l'honneur de souper avec moi. Le repas que je veux vous donner est beaucoup au-dessous de ce que vous méritez ; mais, tel qu'il est, j'espère que vous l'agréerez d'aussi bon cœur que j'ai intention de vous le donner.

— Seigneur Ali Baba, reprit Cogia Houssain, je suis très persuadé de votre bon cœur ; et, si je vous demande en grâce de ne pas trouver mauvais que je me retire sans accepter l'offre obligeante que vous me faites, je vous supplie de croire que je ne le fais ni par mépris ni par incivilité, mais parce que j'en ai une raison que vous approuveriez si elle vous était connue.

— Et quelle peut être cette raison, Seigneur ? reprit Ali Baba. Peut-on vous la demander ? — Je puis la dire, répliqua Cogia Houssain : c'est que je ne mange ni viande ni ragoût où il y ait du sel ; jugez vous-même de la contenance que je ferais à votre table. — Si vous n'avez que cette raison, insista Ali Baba, elle ne doit pas me priver de l'honneur de vous posséder à souper, à moins que vous ne le vouliez autrement. Premièrement, il n'y a pas de sel dans le pain que l'on mange chez moi ; et, quant à la viande et aux ragoûts, je vous promets qu'il n'y en aura pas dans ce qui sera servi devant vous ; je vais y donner ordre. Ainsi faites-moi la grâce de demeurer, je reviens à vous dans un moment. »

Ali Baba alla à la cuisine, et il ordonna à Morgiane de ne pas mettre de sel sur la viande qu'elle avait à servir, et de préparer promptement deux ou trois ragoûts, entre ceux qu'il lui avait commandés, où il n'y eût pas de sel.

Morgiane, qui était prête à servir, ne put s'empêcher de témoigner son mécontentement sur ce nouvel ordre, et de s'en expliquer à Ali Baba. « Qui est donc, dit-elle, cet homme si difficile, qui ne mange pas de sel ? Votre souper ne sera plus bon à manger si je le sers plus tard.

— Ne te fâche pas, Morgiane, reprit Ali Baba, c'est un honnête homme. Fais ce que je te dis. »

Morgiane obéit, mais à contrecœur. Elle eut la curiosité de connaître cet homme qui ne mangeait pas de sel. Quand elle eut achevé et qu'Abdalla eut préparé la table, elle l'aida à porter les plats. En regardant Cogia Houssain, elle le reconnut d'abord pour le capitaine des voleurs, malgré son déguisement, et, en l'examinant avec attention, elle aperçut qu'il avait un poignard caché sous son habit. « Je ne m'étonne plus, dit-elle en elle-même, que le scélérat ne veuille pas manger de sel avec mon maître : c'est son plus fier ennemi, il veut l'assassiner ; mais je l'en empêcherai. »

Quand Morgiane eut achevé de servir ou de faire servir par Abdalla, elle prit le temps pendant que l'on soupait, et fit les préparatifs nécessaires pour l'exécution d'un coup des plus hardis ; et elle venait d'achever lorsque Abdalla vint l'avertir qu'il était temps de servir le fruit. Elle porta le fruit, et, dès qu'Abdalla eut levé ce qui était sur la table, elle le servit. Ensuite elle posa près d'Ali Baba une petite table sur laquelle elle mit le vin avec trois tasses, et en sortant elle emmena Abdalla avec elle, comme pour aller souper ensemble et donner à Ali Baba, selon la coutume, la liberté de s'entretenir et de se réjouir agréablement avec son hôte, et de le faire bien boire.

Alors le faux Cogia Houssain, ou plutôt le capitaine des quarante voleurs, crut que l'occasion favorable pour ôter la vie à Ali Baba était venue. « Je vais, dit-il, faire enivrer le père et le fils ; et le fils, à qui je veux bien donner la vie, ne m'empêchera pas d'enfoncer le poignard dans le cœur du père, et je me sauverai par le jardin comme je l'ai déjà fait, pendant que la cuisinière et l'esclave n'auront pas encore achevé de souper ou seront endormis dans la cuisine. »

Au lieu de souper, Morgiane, qui avait pénétré dans l'intention du faux Cogia Houssain, ne lui donna pas le temps de venir à l'exécution de sa méchanceté. Elle s'habilla d'un habit de danseuse fort propre, prit une coiffure convenable, et se ceignit d'une ceinture d'argent doré, où elle attacha un poignard dont la gaine et la poignée étaient de même métal ; et avec cela elle appliqua un fort beau masque sur son visage. Quand elle se fut déguisée de la sorte, elle dit à Abdalla : « Abdalla, prends ton tambour de basque, et allons donner à l'hôte de notre maître et ami de son fils le divertissement que nous lui donnons quelquefois le soir. »

Abdalla prend le tambour de basque : il commence à en jouer en marchant devant Morgiane, et il entre dans la salle. Morgiane, en entrant après lui, fait une profonde révérence d'un air délibéré et à se faire regarder, comme en demandant la permission de faire voir ce qu'elle savait faire.

Comme Abdalla vit qu'Ali Baba voulait parler, il cessa de toucher le tambour de basque.

« Entre, Morgiane, entre, dit Ali Baba : Cogia Houssain jugera de quoi tu es capable, et il nous dira ce qu'il en pensera. Au moins, Seigneur, dit-il à Cogia Houssain en se tournant de son côté, ne croyez pas que je me mette en dépense pour vous donner ce divertissement. Je le trouve chez moi, et vous voyez que ce sont mon esclave et ma cuisinière et dépensière en même temps qui me le donnent. J'espère que vous ne le trouverez pas désagréable. »

Cogia Houssain ne s'attendait pas qu'Ali Baba dût ajouter ce divertissement au souper qu'il lui donnait. Cela lui fit craindre de ne pouvoir pas profiter de l'occasion qu'il croyait avoir trouvée. Au cas que cela arrivât, il se consola par l'espérance de la retrouver en continuant de ménager l'amitié du père et du fils. Ainsi, quoiqu'il eût mieux aimé qu'Ali Baba eût bien voulu ne le lui pas donner, il fit semblant néanmoins de lui en avoir obligation, et il eut la complaisance de lui témoigner que ce qui lui faisait plaisir ne pourrait pas manquer de lui en faire aussi.

Quand Abdalla vit qu'Ali Baba et Cogia Houssain avaient cessé de parler, il recommença à toucher son tambour de basque et l'accompagna de sa voix sur un air à danser ; et Morgiane, qui ne cédait pas à aucun danseur ou aucune danseuse de profession, dansa d'une manière à se faire admirer, même de toute autre compagnie que celle à laquelle elle donnait ce spectacle, dont il n'y avait peut-être que le faux Cogia Houssain qui y donnât le moins d'attention.

Après avoir dansé plusieurs danses avec le même agrément et de la même force, elle tira enfin le poignard ; et, en le tenant à la main, elle en dansa une dans laquelle elle se surpassa par les figures différentes, par les mouvements légers, par les sauts surprenants et par les efforts merveilleux dont elle les accompagna, tantôt en présentant le poignard en avant, comme pour frapper, tantôt en faisant semblant de s'en frapper elle-même dans le sein.

Comme hors d'haleine enfin, elle arracha le tambour de basque des mains d'Abdalla de la main gauche, et, en tenant le poignard de la droite, elle alla présenter le tambour de basque par le creux à Ali Baba, à l'imitation des danseurs et des danseuses de profession, qui en usent ainsi pour solliciter la libéralité de leurs spectateurs.

Ali Baba jeta une pièce d'or dans le tambour de basque de Morgiane. Morgiane s'adressa ensuite au fils d'Ali Baba, qui suivit l'exemple de son père. Cogia Houssain, qui vit qu'elle allait venir aussi à lui, avait déjà tiré la bourse de son sein pour lui faire son présent, et il y mettait la main dans le moment que Morgiane, avec un courage digne de sa fermeté et de sa résolution, lui enfonça le poignard au milieu du cœur si avant qu'elle ne le retira qu'après lui avoir ôté la vie.

Ali Baba et son fils, épouvantés de cette action, poussèrent un grand cri. « Ah ! malheureuse ! s'écria Ali Baba, qu'as-tu fait ? Est-ce pour nous perdre, moi et ma famille ?

— Ce n'est pas vous perdre, répondit Morgiane : je l'ai fait pour votre conservation. »

Alors, en ouvrant la robe de Cogia Houssain et en montrant à Ali Baba le poignard dont il était armé : « Voyez, dit-elle, à quel fier ennemi vous aviez affaire, et regardez-le bien au visage : vous y reconnaîtrez le faux marchand d'huile et le capitaine des quarante voleurs. Ne considérez-vous pas aussi qu'il n'a pas voulu manger de sel avec vous ? En voulez-vous davantage pour vous persuader de son dessein pernicieux ? Avant que je l'eusse vu, le soupçon m'en était venu du moment que vous m'avez fait connaître que vous aviez un tel convive. Je l'ai vu, et vous voyez que mon soupçon n'était pas mal fondé. »

Ali Baba, qui connut la nouvelle obligation qu'il avait à Morgiane de lui avoir conservé la vie une seconde fois, l'embrassa. « Morgiane, dit-il, je t'ai donné la liberté, et alors je t'ai promis que ma reconnaissance n'en demeurerait pas là et que bientôt j'y mettrais le comble. Ce temps est venu, et je te fais ma belle-fille. » Et, en s'adressant à son fils : « Mon fils, ajouta Ali Baba, je vous crois assez bon fils pour ne pas trouver étrange que je vous donne Morgiane pour femme sans vous consulter. Vous ne lui avez pas moins d'obligation que moi. Vous voyez que Cogia Houssain n'avait recherché votre amitié que dans le dessein de mieux réussir à m'arracher la vie par sa trahison ; et, s'il y eût réussi, vous ne devez pas douter qu'il ne vous eût sacrifié aussi à sa vengeance. Considérez de plus qu'en épousant Morgiane vous épousez le soutien de ma famille tant que je vivrai, et l'appui de la vôtre jusqu'à la fin de vos jours. »

Le fils, bien loin de témoigner aucun mécontentement, marqua qu'il consentait à ce mariage, non seulement parce qu'il ne voulait pas désobéir à son père, mais même parce qu'il y était porté par sa propre inclination.

On songea ensuite dans la maison d'Ali Baba à enterrer le corps du capitaine auprès de ceux des trente-sept voleurs ; et cela se fit si secrètement qu'on n'en eut connaissance qu'après de longues années, lorsque personne ne se trouvait plus intéressé dans la publication de cette histoire mémorable.

Peu de jours après, Ali Baba célébra les noces de son fils et de Morgiane avec grande solennité, et par un festin somptueux, accompagné de danses, de spectacles et des divertissements accoutumés ; et il eut la satisfaction de voir que ses amis et ses voisins, qu'il avait invités, sans avoir connaissance des vrais motifs du mariage, mais qui d'ailleurs n'ignoraient pas les belles et bonnes qualités de Morgiane, le louèrent hautement de sa générosité et de son bon cœur.

Après le mariage, Ali Baba, qui s'était abstenu de retourner à la grotte des voleurs depuis qu'il en avait tiré et rapporté le corps de son frère Cassim sur un de ses trois ânes, avec l'or dont il les avait chargés, par la crainte d'y trouver les voleurs ou d'y être surpris, s'en abstint encore après la mort des trente-huit voleurs, en y comprenant leur capitaine, parce qu'il supposa que les deux autres, dont le destin ne lui était pas connu, étaient encore vivants.

Mais au bout d'un an, comme il eut vu qu'il ne s'était fait aucune entreprise pour l'inquiéter, la curiosité le prit d'y faire un voyage, en prenant les précautions nécessaires pour sa sûreté. Il monta à cheval ; et, quand il fut arrivé près de la grotte, il prit un bon augure de ce qu'il n'aperçut aucun vestige ni d'homme ni de chevaux. Il mit pied à terre, il attacha son cheval, et, en se présentant devant la porte, il prononça ces paroles : *Sésame, ouvre-toi*, qu'il n'avait pas oubliées. La porte s'ouvrit ; il entra, et l'état où il trouva toutes choses dans la grotte lui fit juger que personne n'y était entré depuis environ le temps que le faux Cogia Houssain était venu lever boutique dans la ville, et ainsi, que la troupe des quarante voleurs était entièrement dissipée et exterminée depuis ce temps-là. Il ne douta plus qu'il ne fût le seul au monde qui eût le secret de faire ouvrir la grotte, et que le trésor qu'elle enfermait était à sa disposition. Il s'était muni d'une valise ; il la remplit d'autant d'or que son cheval en put porter, et il revint à la ville.

Depuis ce temps-là, Ali Baba, son fils, qu'il mena à la grotte, et à qui il enseigna le secret pour y entrer, et après eux leur postérité, à laquelle ils firent passer le même secret, en profitant de leur fortune avec modération, vécurent dans une grande splendeur, et honorés des premières dignités de la ville.

HISTOIRE DU CHEVAL ENCHANTÉ

Scheherazade, en continuant de raconter au sultan des Indes ses histoires si agréables, et auxquelles il prenait un si grand plaisir, l'entretint de celle du cheval enchanté.

Sire, dit-elle, comme Votre Majesté ne l'ignore pas, le Nevroux, c'est-à-dire le nouveau jour, qui est le premier de l'année et du printemps, ainsi nommé par excellence, est une fête si solennelle et si ancienne dans toute l'étendue de la Perse, dès les premiers temps mêmes de l'idolâtrie, que la religion de notre prophète, toute pure qu'elle est, et que nous tenons pour la véritable, en s'y introduisant, n'a pu jusqu'à nos jours venir à bout de l'abolir, quoique l'on puisse dire qu'elle est toute païenne, et que les cérémonies qu'on y observe sont superstitieuses. Sans parler des grandes villes, il n'y en a ni petite, ni bourg, ni village, ni hameau, où elle ne soit célébrée avec des réjouissances extraordinaires.

Mais les réjouissances qui se font à la cour les surpassent toutes infiniment par la variété des spectacles surprenants et nouveaux, et les étrangers des États voisins, et même des plus éloignés, y sont attirés par les récompenses et par la libéralité des rois envers ceux qui excellent par leurs inventions et par leur industrie ; de manière qu'on ne voit rien dans les autres parties du monde qui approche de cette magnificence.

Dans une de ces fêtes, après que les plus habiles et les plus ingénieux du pays, avec les étrangers qui s'étaient rendus à Schiraz, où la cour était alors, eurent donné au roi et à toute sa cour le divertissement de leurs spectacles, et que le roi leur eut fait ses largesses, à chacun selon ce qu'il avait mérité et ce qu'il avait fait paraître de plus extraordinaire, de plus merveilleux et de plus satisfaisant, ménagées avec une égalité qu'il n'y en avait pas un qui ne s'estimât dignement récompensé ; dans le temps qu'il se préparait à se retirer et à congédier la grande assemblée, un Indien parut au pied de son trône en faisant avancer un cheval sellé, bridé, et richement harnaché, représenté avec tant d'art qu'à le voir on l'eût pris d'abord pour un véritable cheval.

L'Indien se prosterna devant le trône ; et, quand il se fut relevé, en montrant le cheval au roi : « Sire, dit-il, quoique je me présente le dernier devant Votre Majesté pour entrer en lice, je puis l'assurer néanmoins que dans ce jour de fête elle n'a rien vu d'aussi merveilleux et d'aussi surprenant que le cheval sur lequel je la supplie de jeter les yeux.

— Je ne vois dans ce cheval, lui dit le roi, autre chose que l'art et l'industrie de l'ouvrier à lui donner la ressemblance du naturel qui lui a été possible. Mais un autre ouvrier pourrait en faire un semblable, qui le surpasserait même en perfection.

— Sire, reprit l'Indien, ce n'est pas aussi par sa construction, ni par ce qu'il paraît à l'extérieur, que j'ai dessein de faire regarder mon cheval par Votre Majesté comme une merveille ; c'est par l'usage que j'en sais faire, et que tout homme comme moi peut en faire, par le secret que je puis lui communiquer. Quand je le monte, en quelque endroit de la terre, si éloigné qu'il puisse être, que je veuille me transporter par la région de l'air, je puis l'exécuter en très peu de temps. En peu de mots, Sire, voilà en quoi consiste la merveille de mon cheval : merveille dont personne n'a jamais entendu parler, et dont je m'offre de faire voir l'expérience à Votre Majesté, si elle me le commande. »

Le roi de Perse, qui était curieux de tout ce qui tenait du merveilleux, et qui, après tant de choses de cette nature qu'il avait vues et qu'il avait cherché et désiré de voir, n'avait rien vu qui en approchât, ni entendu dire qu'on eût vu rien de semblable, dit à l'Indien qu'il n'y avait que l'expérience qu'il venait de lui proposer qui pouvait le convaincre de la prééminence de son cheval, et qu'il était près d'en voir la vérité.

L'Indien mit aussitôt le pied à l'étrier, se jeta sur le cheval avec une grande légèreté ; et, quand il eut mis le pied dans l'autre étrier et qu'il se fut bien assuré sur la selle, il demanda au roi de Perse où il lui plaisait de l'envoyer.

Environ à trois lieues de Schiraz, il y avait une haute montagne qu'on découvrait à plein de la grande place où le roi de Perse était devant son palais, remplie de tout le peuple qui s'y était rendu. « Vois-tu cette montagne ? dit le roi en la montrant à l'Indien ; c'est où je souhaite que tu ailles : la distance n'est pas longue, mais elle suffit pour faire juger de la diligence que tu feras pour aller et pour revenir. Et, parce qu'il n'est pas possible de te conduire des yeux jusque-là, pour marque certaine que tu y seras allé, j'entends que tu m'apportes une palme d'un palmier qui est au pied de la montagne. »

A peine le roi de Perse eut achevé de déclarer sa volonté par ces paroles que l'Indien ne fit que tourner une cheville qui s'élevait un peu au défaut du cou du cheval, en approchant du pommeau de la selle. Dans l'instant le cheval s'éleva de terre, et enleva le cavalier en l'air comme un éclair, si haut qu'en peu de moments ceux qui avaient les yeux les plus perçants le perdirent de vue ; et cela se fit avec une grande admiration du roi et de ses courtisans, et de grands cris d'étonnement de la part de tous les spectateurs assemblés.

Il n'y avait presque pas un quart d'heure que l'Indien était parti, quand on l'aperçut au haut de l'air qui revenait la palme à la main. On le vit enfin arriver au-dessus de la place, où il fit plusieurs caracoles aux acclamations de joie du peuple qui lui applaudissait, jusqu'à ce qu'il vînt se poser devant le trône du roi, à la même place d'où il était parti, sans aucune secousse du cheval qui pût l'incommoder. Il mit pied à terre ; et, en s'approchant du trône, il se prosterna, et il posa la palme aux pieds du roi.

Le roi de Perse, qui fut témoin, avec non moins d'admiration que d'étonnement, du spectacle inouï que l'Indien venait de lui donner, conçut en même temps une forte envie de posséder le cheval ; et, comme il se persuadait qu'il ne trouverait pas de difficultés à en traiter avec l'Indien, quelque somme qu'il lui en demandât, résolu de la lui accorder, il le regardait déjà comme la pièce la plus précieuse qu'il aurait dans son trésor, dont il comptait de l'enrichir.

« A juger de ton cheval par son apparence extérieure, dit-il à l'Indien, je ne comprenais pas qu'il dût être considéré autant que tu viens de me faire voir qu'il le mérite. Je t'ai obligation de m'avoir désabusé ; et, pour te marquer combien j'en fais d'estime, je suis prêt de l'acheter, s'il est à vendre.

— Sire, reprit l'Indien, je n'ai pas douté que Votre Majesté, qui passe, entre tous les rois qui règnent aujourd'hui sur la terre, pour celui qui sait juger le mieux de toutes choses, et les estimer selon leur juste valeur, rendrait à mon cheval la justice qu'elle lui rend, dès que je lui aurais fait connaître par où il était digne de son attention. J'avais même prévu qu'elle ne se contenterait pas de l'admirer et de le louer, mais même qu'elle désirerait d'abord d'en être possesseur, comme elle vient de me le témoigner. De mon côté, Sire, quoique j'en connaisse le prix autant qu'on peut le connaître, et que sa possession me donne un relief pour rendre mon nom immortel dans le monde, je n'y ai pas néanmoins une attache si forte que je ne veuille bien m'en priver pour satisfaire la noble passion de Votre Majesté. Mais, en lui faisant cette déclaration, j'en ai une autre à lui faire touchant la condition sans laquelle je ne puis me résoudre à le laisser passer en d'autres mains, qu'elle ne prendra peut-être pas en bonne part. Votre Majesté aura donc pour agréable, continua l'Indien, que je lui marque que je n'ai pas acheté ce cheval : je ne l'ai obtenu de l'inventeur et du fabricateur qu'en lui donnant en mariage ma fille unique qu'il me demanda ; et en même temps il exigea de moi que je ne le vendrais pas, et que, si j'avais à lui donner un autre possesseur, ce serait par un échange tel que je le jugerais à propos. »

L'Indien voulait poursuivre ; mais, au mot d'échange, le roi de Perse l'interrompit. « Je suis prêt, repartit-il, de t'accorder tel échange que tu me demanderas. Tu sais que mon royaume est grand, qu'il est rempli de grandes villes, puissantes, riches et peuplées. Je laisse à ton choix celle qu'il te plaira de choisir en pleine puissance et souveraineté pour le reste de tes jours. »

Cet échange parut véritablement royal à toute la cour de Perse ; mais il était fort au-dessous de ce que l'Indien s'était proposé. Il avait porté ses vues à quelque chose de beaucoup plus élevé. Il répondit au roi : « Sire, je suis infiniment obligé à Votre Majesté de l'offre qu'elle me fait, et je ne puis assez la remercier de sa générosité. Je la supplie néanmoins de ne pas s'offenser si je prends la hardiesse de lui témoigner que je ne puis mettre mon cheval en sa possession qu'en recevant de sa main la princesse sa fille pour épouse. Je suis résolu de n'en perdre la propriété qu'à ce prix. »

Les courtisans qui environnaient le roi de Perse ne purent s'empêcher de faire un grand éclat de rire à la demande extravagante de l'Indien. Mais le prince Firouz Schah, fils aîné du roi et héritier présomptif du royaume, ne l'entendit qu'avec indignation. Le roi pensa tout autrement, et il crut qu'il pouvait sacrifier la princesse de Perse à l'Indien pour satisfaire sa curiosité. Il balança néanmoins savoir s'il devait prendre ce parti.

Le prince Firouz Schah, qui vit que le roi son père hésitait sur la réponse qu'il devait faire à l'Indien, craignit qu'il ne lui accordât ce qu'il demandait : chose qu'il eût regardée comme également injurieuse à la dignité royale, à la princesse sa sœur et à sa propre personne.

Il prit donc la parole, et, en le prévenant : « Sire, dit-il, que Votre Majesté me pardonne si j'ose lui demander s'il est possible qu'elle balance un moment sur le refus qu'elle doit faire à la demande insolente d'un homme de rien et d'un bateleur infâme, et qu'elle lui donne lieu de se flatter un moment qu'il va entrer dans l'alliance d'un des plus puissants monarques de la terre. Je la supplie de considérer ce qu'elle se doit, non seulement à soi-même, mais même à son sang et à la haute noblesse de ses aïeux.

— Mon fils, reprit le roi de Perse, je prends votre remontrance en bonne part, et je vous sais bon gré du zèle que vous témoignez pour conserver l'éclat de votre naissance dans le même état que vous l'avez reçu ; mais vous ne considérez pas assez l'excellence de ce cheval, ni que l'Indien qui me propose cette voie pour l'acquérir peut, si je le rebute, aller faire la même proposition ailleurs, où l'on passera par-dessus le point d'honneur, et que je serais au désespoir si un autre monarque pouvait se vanter de m'avoir surpassé en générosité, et de m'avoir privé de la gloire de posséder le cheval, que j'estime la chose la plus singulière et la plus digne d'admiration qu'il y ait au monde. Je ne veux pas dire néanmoins que je consente à lui accorder ce qu'il demande. Peut-être n'est-il pas bien d'accord avec lui-même sur l'exorbitance de sa prétention, et que, la princesse ma fille à part, je ferai telle autre convention avec lui qu'il en sera content. Mais, avant que je vienne à la dernière discussion du marché, je suis bien aise que vous examiniez le cheval, et que vous en fassiez l'essai vous-même, afin que vous m'en disiez votre sentiment. Je ne doute pas qu'il ne veuille bien le permettre. »

Comme il est naturel de se flatter dans ce que l'on souhaite, l'Indien, qui crut entrevoir dans le discours qu'il venait d'entendre que le roi de Perse n'était pas absolument éloigné de le recevoir dans son alliance, en acceptant le cheval à ce prix, et que le prince, au lieu de lui être contraire, comme il venait de le faire paraître, pourrait lui devenir favorable, loin de s'opposer au désir du roi, en témoigna de la joie ; et, pour marque qu'il y consentait avec plaisir, il prévint le prince en s'approchant du cheval, prêt à l'aider à le monter, et l'avertit ensuite de ce qu'il fallait qu'il fît pour le bien gouverner.

Le prince Firouz Schah, avec une adresse merveilleuse, monta le cheval sans le secours de l'Indien ; et il n'eut pas plus tôt le pied assuré dans l'un et l'autre étrier que, sans attendre aucun avis de l'Indien, il tourna la cheville qu'il lui avait vu tourner peu de temps auparavant lorsqu'il l'avait monté. Du moment qu'il l'eut tournée, le cheval l'enleva avec la même vitesse qu'une flèche tirée par l'archer le plus fort et le plus adroit ; et de la sorte, en peu de moments, le roi, toute la cour et toute la nombreuse assemblée le perdirent de vue.

Le cheval ni le prince Firouz Schah ne paraissaient plus dans l'air, et le roi de Perse faisait des efforts inutilement pour l'apercevoir, quand l'Indien, alarmé de ce qui venait d'arriver, se prosterna devant le trône, et obligea le roi de jeter les yeux sur lui et de faire attention au discours qu'il lui tint en ces termes : « Sire, dit-il, Votre Majesté elle-même a vu que le prince ne m'a pas permis, par sa promptitude, de lui donner l'instruction nécessaire pour gouverner mon cheval. Sur ce qu'il m'a vu faire, il a voulu marquer qu'il n'avait pas besoin de mon avis pour partir et s'élever en l'air ; mais il ignore l'avis que j'avais à lui donner pour faire détourner le cheval en arrière, et pour le faire revenir au lieu d'où il est parti. Ainsi, Sire, la grâce que je demande à Votre Majesté, c'est de ne me pas rendre garant de ce qui pourra arriver de sa personne. Elle est trop équitable pour m'imputer le malheur qui peut en arriver. »

Le discours de l'Indien affligea fort le roi de Perse, qui comprit que le danger où était le prince son fils était inévitable, s'il était vrai, comme l'Indien le disait, qu'il y eût un secret pour faire revenir le cheval, différent de celui qui le faisait partir et élever en l'air. Il lui demanda en colère pourquoi il ne l'avait pas rappelé dans le moment qu'il l'avait vu partir.

« Sire, répondit l'Indien, Votre Majesté elle-même a été témoin de la rapidité avec laquelle le cheval et le prince ont été enlevés : la surprise où j'en ai été, et où j'en suis encore, m'a d'abord ôté la parole ; et, quand j'ai été en état de m'en servir, il était déjà si éloigné qu'il n'eût pas entendu ma voix, et, quand il l'eût entendue, il n'eût pu gouverner le cheval pour le faire revenir, puisqu'il n'en savait pas le secret qu'il ne s'est pas donné la patience de l'apprendre de moi. Mais, Sire, ajouta-t-il, il y a lieu d'espérer néanmoins que le prince, dans l'embarras où il se trouvera, s'apercevra d'une autre cheville, et qu'en la tournant, le cheval aussitôt cessera de s'élever, et descendra du côté de la terre, où il pourra se poser en tel lieu convenable qu'il jugera à propos, en le gouvernant avec la bride. »

Nonobstant le raisonnement de l'Indien, qui avait toute l'apparence possible, le roi de Perse, alarmé du péril évident où était le prince son fils : « Je suppose, reprit-il, chose néanmoins très incertaine, que le prince mon fils s'aperçoive de l'autre cheville, et qu'il en fasse l'usage que tu dis, le cheval, au lieu de descendre jusqu'en terre, ne peut-il pas tomber sur des rochers, ou se précipiter avec lui jusqu'au fond de la mer ?

— Sire, repartit l'Indien, je puis délivrer Votre Majesté de cette crainte, en l'assurant que le cheval passe les mers sans jamais y tomber, et qu'il porte toujours le cavalier où il a intention de se rendre ; et Votre Majesté peut s'assurer que, pour peu que le prince s'aperçoive de l'autre cheville que j'ai dit, le cheval ne le portera qu'où il voudra se rendre ; et il n'est pas croyable qu'il se rende ailleurs que dans un lieu où il pourra trouver du secours et se faire connaître. »

A ces paroles de l'Indien : « Quoi qu'il en soit, répliqua le roi de Perse, comme je ne puis me fier à l'assurance que tu me donnes, ta tête me répondra de la vie de mon fils, si dans trois mois je ne le vois revenir sain et sauf, ou que je n'apprenne certainement qu'il soit vivant. »

Il commanda qu'on s'assurât de sa personne, et qu'on

le resserrât dans une prison étroite ; après quoi il se retira dans son palais, extrêmement affligé de ce que la fête du Nevroux, si solennelle dans toute la Perse, se fût terminée d'une manière si triste pour lui et pour sa cour.

Le prince Firouz Schah cependant fut enlevé dans l'air avec la rapidité que nous avons dit ; et en moins d'une heure il se vit si haut qu'il ne distinguait plus rien sur la terre, où les montagnes et les vallées lui paraissaient confondues avec les plaines. Ce fut alors qu'il songea à revenir au lieu d'où il était parti. Pour y réussir, il s'imagina qu'à tourner la même cheville à contresens, et en tournant la bride en même temps, il réussirait ; mais son étonnement fut extrême quand il vit que le cheval l'enlevait toujours avec la même rapidité. Il la tourna et retourna plusieurs fois, mais inutilement. Ce fut alors qu'il reconnut la grande faute qu'il avait commise, de ne pas prendre de l'Indien tous les renseignements nécessaires pour bien gouverner le cheval avant d'entreprendre de le monter. Il comprit dans le moment la grandeur du péril où il était ; mais cette connaissance ne lui fit pas perdre le jugement : il se recueillit en lui-même avec tout le bon sens dont il était capable, et, en examinant la tête et le cou du cheval avec attention, il aperçut une autre cheville plus petite et moins apparente que la première, à côté de l'oreille droite du cheval. Il tourna la cheville, et dans le moment il remarqua qu'il descendait vers la terre par une ligne semblable à celle par où il avait monté, mais moins rapidement.

Il y avait une demi-heure que les ténèbres de la nuit couvraient la terre à l'endroit où le prince Firouz Schah se trouvait perpendiculairement, quand il tourna la cheville. Mais, comme le cheval continua de descendre, le soleil se coucha aussi pour lui en peu de temps, jusqu'à ce qu'il se trouvât entièrement dans les ténèbres de la nuit. De la sorte, loin de choisir un lieu où aller mettre pied à terre à sa commodité, il fut contraint de lâcher la bride sur le col du cheval, en attendant avec patience qu'il achevât de descendre, non sans inquiétude du lieu où il s'arrêterait, savoir si ce serait un lieu habité, un désert, un fleuve ou la mer.

Le cheval enfin s'arrêta et se posa qu'il était plus de minuit ; et le prince Firouz Schah mit pied à terre, mais avec une grande faiblesse, qui venait de ce qu'il n'avait rien pris depuis le matin du jour qui venait de finir, avant qu'il sortît du palais avec le roi son père pour assister aux spectacles de la fête. La première chose qu'il fit dans l'obscurité de la nuit fut de reconnaître le lieu où il était, et il se trouva sur le toit en terrasse d'un palais magnifique, couronné d'une balustrade de marbre à hauteur d'appui. En examinant la terrasse, il rencontra l'escalier par où l'on y montait du palais, dont la porte n'était pas fermée, mais entrouverte.

Tout autre que le prince Firouz Schah n'eût peut-être pas hasardé de descendre dans la grande obscurité qui régnait alors dans l'escalier, outre la difficulté qui se présentait s'il trouverait amis ou ennemis : considération qui ne fut pas capable de l'arrêter. « Je ne viens pas pour faire mal à personne, se dit-il à lui-même ; et apparemment ceux qui me verront les premiers, et qui ne me verront pas les armes à la main, auront l'humanité de m'écouter avant qu'ils attentent à ma vie. » Il ouvrit la porte davantage sans faire de bruit, et il descendit de même avec grande précaution, pour s'empêcher de faire quelque faux pas, dont le bruit eût pu éveiller quelqu'un. Il réussit ; et, dans un entrepôt de l'escalier, il trouva la porte ouverte d'une grande salle, où il y avait de la lumière.

Le prince Firouz Schah s'arrêta à la porte ; et, en prêtant l'oreille, il n'entendit d'autre bruit que des gens qui dormaient profondément, et qui ronflaient en différentes manières. Il avança un peu dans la salle, et, à la lumière d'une lanterne, il vit que ceux qui dormaient étaient des eunuques noirs, chacun avec le sabre nu près de soi ; et cela lui fit connaître que c'était la garde de l'appartement d'une reine ou d'une princesse, et il se trouva que c'était celui d'une princesse.

La chambre où couchait la princesse suivait après cette salle, et la porte qui était ouverte le faisait connaître à la grande lumière dont elle était éclairée, qui se laissait voir au travers d'une portière d'une étoffe de soie fort légère.

Le prince Firouz Schah s'avança jusqu'à la portière, le pied en l'air, sans éveiller les eunuques. Il l'ouvrit ; et, quand il fut entré, sans s'arrêter à considérer la magnificence de la chambre, qui était toute royale, circonstance qui lui importait peu dans l'état où il était, il ne fit attention qu'à ce qui lui importait davantage. Il vit plusieurs lits, un seul sur le sofa, et les autres au bas. Des femmes de la princesse étaient couchées dans ceux-ci pour lui tenir compagnie et l'assister dans ses besoins, et la princesse dans le premier.

A cette distinction, le prince Firouz Schah ne se trompa pas dans le choix qu'il avait à faire pour s'adresser à la princesse elle-même. Il s'approcha de son lit sans l'éveiller, ni pas une de ses femmes. Quand il fut assez près, il vit une beauté si extraordinaire et si surprenante qu'il en fut charmé et enflammé d'amour dès la première vue. « Ciel ! s'écria-t-il en lui-même, ma destinée m'a-t-elle amené en ce lieu pour me faire perdre ma liberté, que j'ai conservée entière jusqu'à présent ? Ne dois-je pas m'attendre à un esclavage certain dès qu'elle aura ouvert les yeux, si ces yeux, comme je dois m'y attendre, achèvent de donner le lustre et la perfection à un assemblage d'attraits et de charmes si merveilleux ? Il faut bien m'y résoudre, puisque je ne puis reculer sans me rendre homicide de moi-même, et que la nécessité l'ordonne ainsi. »

En achevant ces réflexions par rapport à l'état où il se trouvait et à la beauté de la princesse, le prince Firouz Schah se mit sur les deux genoux, et, en prenant l'extrémité de la manche pendante de la chemise de la princesse, d'où sortait un bras blanc comme la neige et fait au tour, il la tira fort légèrement.

La princesse ouvrit les yeux ; et, dans la surprise où elle fut de voir devant elle un homme bien fait, bien mis et de bonne mine, elle demeura interdite, sans donner néanmoins aucun signe de frayeur ou d'épouvante.

Le prince profita de ce moment favorable ; il baissa la tête presque jusque sur le tapis de pied, et, en la relevant : « Respectable princesse, dit-il, par une aventure la plus extraordinaire et la plus merveilleuse qu'on puisse imaginer, vous voyez à vos pieds un prince suppliant, fils du roi de Perse, qui se trouvait hier au matin près du roi son père, au milieu des réjouissances d'une fête solennelle, et qui se trouve à l'heure qu'il est dans un pays inconnu, où il est en danger de périr si vous n'avez la bonté et la générosité de l'assister de votre secours et de votre protection. Je l'implore cette protection, adorable princesse, avec la confiance que vous ne me la refuserez pas. J'ose me le persuader avec d'autant plus de fondement qu'il n'est pas possible que l'inhumanité se rencontre avec tant de beauté, tant de charmes et tant de majesté. »

La princesse à qui le prince Firouz Schah s'était adressé si heureusement était la princesse de Bengale, fille aînée du roi du royaume de ce nom, qui lui avait fait bâtir ce palais peu éloigné de la capitale, où elle venait souvent prendre le divertissement de la campagne. Après qu'elle l'eut écouté avec toute la bonté qu'il pouvait désirer, elle lui répondit avec la même bonté. « Prince, dit-elle, rassurez-vous ; vous n'êtes pas dans un pays barbare : l'hospitalité, l'humanité et la politesse ne règnent pas moins dans le royaume de Bengale que dans le royaume de Perse. Ce n'est pas moi qui vous accorde la protection que vous me demandez ; vous l'avez trouvée tout acquise non seulement dans mon palais, mais même dans tout le royaume : vous pouvez m'en croire et vous fier à ma parole. »

Le prince de Perse voulait remercier la princesse de Bengale de son honnêteté et de la grâce qu'elle venait de lui accorder si obligeamment, et il avait déjà baissé la tête fort bas pour lui en faire son compliment ; mais elle ne lui donna pas le temps de parler. « Quelque forte envie, ajouta-t-elle, que j'aie d'apprendre de vous par quelle merveille vous avez mis si peu de temps à venir de la capitale de Perse, et par quel enchantement vous avez pu pénétrer jusqu'à vous présenter devant moi si secrètement que vous avez trompé la vigilance de ma garde, comme néanmoins il n'est pas possible que vous n'ayez besoin de nourriture, et en vous regardant en qualité d'un hôte qui est le bienvenu, j'aime mieux remettre ma curiosité à demain matin, et donner ordre à mes femmes de vous loger dans une de mes chambres, de vous y bien régaler, et de vous y laisser reposer et délasser jusqu'à ce que vous soyez en état de satisfaire ma curiosité, et moi de vous entendre. »

Les femmes de la princesse, qui s'étaient éveillées dès les premières paroles que le prince Firouz Schah avait adressées à la princesse leur maîtresse, avec un étonnement d'autant plus grand de le voir au chevet du lit de la princesse qu'elles ne concevaient pas comment il avait pu y arriver sans les éveiller, ni elles ni les eunuques ; ces femmes, dis-je, n'eurent pas plus tôt compris l'intention de la princesse qu'elles s'habillèrent en diligence, et qu'elles furent prêtes d'exécuter ses ordres dans le moment qu'elle les leur eut donnés. Elles prirent chacune une des bougies en grand nombre qui éclairaient la chambre de la princesse ; et, quand le prince eut pris congé en se retirant très respectueusement, elles marchèrent devant lui et le conduisirent dans une très belle chambre, où les unes lui préparèrent un lit, pendant que les autres allèrent à la cuisine et à l'office.

Quoiqu'à une heure indue, ces dernières femmes néanmoins de la princesse de Bengale ne firent pas attendre longtemps le prince Firouz Schah. Elles apportèrent plusieurs sortes de mets en grande affluence. Il choisit ce qui lui plut ; et, quand il eut mangé suffisamment, selon le besoin qu'il en avait, elles desservirent, et le laissèrent en liberté de se coucher, après lui avoir montré plusieurs armoires où il trouverait toutes les choses qui pouvaient lui être nécessaires.

La princesse de Bengale, remplie des charmes, de l'esprit, de la politesse et de toutes les autres belles qualités du prince de Perse dont elle avait été frappée dans le peu d'entretien qu'elle venait d'avoir avec lui, n'avait encore pu se rendormir quand ses femmes rentrèrent dans sa chambre pour se coucher. Elle leur demanda si elles avaient eu bien soin de lui, si elles l'avaient laissé content, si rien ne lui manquait, et, sur toutes choses, ce qu'elles pensaient de ce prince.

Les femmes de la princesse, après l'avoir satisfaite sur les premiers articles, répondirent sur le dernier : « Princesse, nous ne savons pas ce que vous en pensez vous-même. Pour nous, nous vous estimerions très heureuse si le roi votre père vous donnait pour époux un prince si aimable. Il n'y en a pas un à la cour de Bengale qui puisse lui être comparé, et nous n'apprenons pas aussi qu'il y en ait dans les États voisins qui soient dignes de vous. »

Ce discours flatteur ne déplut pas à la princesse de Bengale ; mais, comme elle ne voulait pas déclarer son sentiment, elle leur imposa silence. « Vous êtes des conteuses, dit-elle ; recouchez-vous, et laissez-moi me rendormir. »

Le lendemain, la première chose que fit la princesse quand elle fut levée fut de se mettre à sa toilette. Jusqu'alors elle n'avait pas encore pris autant de peine qu'elle en prit ce jour-là pour se coiffer et s'ajuster, en consultant son miroir. Jamais ses femmes n'avaient eu besoin de plus de patience pour faire et défaire plusieurs fois la même chose, jusqu'à ce qu'elle fût contente.

« Je n'ai pas déplu au prince de Perse en déshabillé, je m'en suis bien aperçue, disait-elle en elle-même : il verra autre chose quand je serai dans mes atours. »

Elle s'orna la tête des diamants les plus gros et les plus brillants, avec un collier, des bracelets et une ceinture de pierreries semblables, le tout d'un prix inestimable ; et l'habit qu'elle prit était d'une étoffe la plus riche de toutes les Indes, qu'on ne travaillait que pour les rois, les princes et les princesses, et d'une couleur qui achevait de la parer avec tous ses avantages. Après qu'elle eut encore consulté son miroir plusieurs fois, et qu'elle eut demandé à ses femmes, l'une après l'autre, s'il manquait quelque chose à son ajustement, elle envoya savoir si le prince de Perse était éveillé, et au cas qu'il le fût, et habillé, comme elle ne doutait pas qu'il ne demandât de venir se présenter devant elle, de lui marquer qu'elle allait venir elle-même et qu'elle avait ses raisons pour en user de la sorte.

Le prince de Perse, qui avait gagné sur le jour ce qu'il avait perdu de la nuit, et qui s'était remis parfaitement de son voyage pénible, venait d'achever de s'habiller quand il reçut le bonjour de la princesse de Bengale par une de ses femmes.

Le prince, sans donner à la femme de la princesse le temps de lui faire part de ce qu'elle avait à lui dire, lui demanda si la princesse était en état qu'il pût lui rendre son devoir et ses respects. Mais, quand la femme se fut acquittée auprès de lui de l'ordre qu'elle avait : « La princesse, dit-il, est la maîtresse, et je ne suis chez elle que pour exécuter ses commandements. »

La princesse de Bengale n'eut pas plus tôt appris que le prince de Perse l'attendait qu'elle vint le trouver. Après les compliments réciproques de la part du prince, sur ce qu'il avait éveillé la princesse au plus fort de son sommeil, dont il lui demanda mille pardons, et de la part de la princesse, qui lui demanda comment il avait passé la nuit et en quel état il se trouvait, la princesse s'assit sur le sofa, et le prince fit la même chose, en se plaçant à quelque distance par respect.

Alors la princesse, en prenant la parole : « Prince, dit-elle, j'eusse pu vous recevoir dans la chambre où vous m'avez trouvée couchée cette nuit ; mais, comme le chef de mes eunuques a la liberté d'y entrer, et que jamais il ne pénètre jusqu'ici sans ma permission, dans l'impatience où je suis d'apprendre de vous l'aventure surprenante qui me procure le bonheur de vous voir, j'ai mieux aimé venir vous en sommer ici, comme dans un lieu où ni vous ni moi ne serons pas interrompus. Obligez-moi donc, je vous en conjure, de me donner la satisfaction que je vous demande. »

Pour satisfaire à la princesse de Bengale, le prince Firouz Schah commença son discours par la fête solennelle et annuelle du Nevroux dans tout le royaume de Perse, avec le récit de tous les spectacles dignes de sa curiosité qui avaient fait le divertissement de la cour de Perse, et presque généralement de la ville de Schiraz. Il en vint ensuite au cheval enchanté, dont la description, avec le récit des merveilles que l'Indien monté dessus avait fait voir devant une assemblée si célèbre, convainquit la princesse qu'on ne pouvait rien imaginer au monde de plus surprenant en ce genre. « Princesse, continua le prince de Perse, vous jugez bien que le roi mon père, qui n'épargne aucune dépense pour augmenter ses trésors des choses les plus rares et les plus curieuses dont il peut avoir connaissance, doit avoir été enflammé d'un grand désir d'y ajouter un cheval de cette nature. Il le fut en effet, et il n'hésita pas à demander à l'Indien ce qu'il l'estimait.

« La réponse de l'Indien fut des plus extravagantes. Il dit qu'il n'avait pas acheté le cheval, mais qu'il l'avait acquis en échange d'une fille unique qu'il avait, et que, comme il ne pouvait s'engager à s'en priver que sous une condition semblable, il ne pouvait le lui céder qu'en épousant, avec son consentement, la princesse ma sœur.

« La foule des courtisans qui environnaient le trône du roi mon père, qui entendirent l'extravagance de cette proposition, s'en moquèrent hautement ; et en mon particulier j'en conçus une indignation si grande qu'il ne me fut pas possible de la dissimuler, d'autant plus que je m'aperçus que le roi mon père balançait sur ce qu'il devait répondre. En effet, je crus voir le moment qu'il allait lui accorder ce qu'il demandait, si je ne lui eusse représenté vivement le tort qu'il allait faire à sa gloire. Ma remontrance néanmoins ne fut pas capable de lui faire abandonner entièrement le dessein de sacrifier la princesse ma sœur à un homme si méprisable. Il crut que je pourrais entrer dans son sentiment, si une fois je pouvais comprendre comme lui, à ce qu'il s'imaginait, combien ce cheval était estimable par sa singularité. Dans cette vue, il voulut que je l'examinasse, que je le montasse, et que j'en fisse l'essai moi-même.

« Pour complaire au roi mon père, je montai le cheval ; et, dès que je fus dessus, comme j'avais vu l'Indien mettre la main à une cheville et la tourner pour se faire enlever avec le cheval, sans prendre d'autre renseignement de lui, je fis la même chose, et dans l'instant je fus enlevé en l'air d'une vitesse beaucoup plus grande que celle d'une flèche décochée par l'archer le plus robuste et le plus expérimenté.

« En peu de temps je fus si fort éloigné de la terre que je ne distinguais plus aucun objet, et il me semblait que j'approchais si fort de la voûte du ciel que je craignais d'aller m'y briser la tête. Dans le mouvement rapide dont j'étais emporté, je fus longtemps comme hors de moi-même, et hors d'état de faire attention au danger présent auquel j'étais exposé en plusieurs manières. Je voulus tourner à contresens la cheville que j'avais tournée d'abord, mais je n'en expérimentai pas l'effet que je m'étais attendu. Le cheval continua de m'emporter vers le ciel, et ainsi de m'éloigner de la terre de plus en plus. Je m'aperçus anfin d'une autre cheville : je la tournai ; et le cheval, au lieu de s'élever davantage, commença à décliner vers la terre ; et, comme je me trouvai bientôt dans les ténèbres de la nuit, et qu'il n'était pas possible de gouverner le cheval pour me faire poser dans un lieu où je ne courusse pas de danger, je tins la bride en un même état, et je me remis à la volonté de Dieu sur ce qui pourrait arriver de mon sort.

« Le cheval enfin se posa ; je mis pied à terre, et, en examinant le lieu, je me trouvai sur la terrasse de ce palais. Je trouvai la porte de l'escalier qui était entrouverte, je descendis sans bruit, et une porte ouverte, avec un peu de lumière, se présenta devant moi. J'avançai la tête ; et, comme j'eus vu des eunuques endormis et une grande lumière au travers d'une portière, la nécessité pressante où j'étais, nonobstant le danger inévitable dont j'étais menacé si les eunuques se fussent éveillés, m'inspira la hardiesse, pour ne pas dire la témérité, d'avancer légèrement et d'ouvrir la portière.

« Il n'est pas besoin, Princesse, ajouta le prince, de vous dire le reste : vous le savez. Il ne me reste qu'à vous remercier de votre bonté et de votre générosité, et vous supplier de me marquer par quel endroit je puis vous témoigner ma reconnaissance d'un si grand bienfait, telle que vous en soyez satisfaite. Comme, selon le droit des gens, je suis déjà votre esclave et que je ne puis plus vous offrir ma personne, il ne me reste plus que mon cœur. Que dis-je, Princesse ! il n'est plus à moi ce cœur, vous me l'avez ravi par vos charmes, et d'une manière que, bien loin de vous le redemander, je vous l'abandonne. Ainsi, permettez-moi de vous déclarer que je ne vous connais pas moins pour maîtresse de mon cœur que de mes volontés. »

Ces dernières paroles du prince Firouz Schah furent prononcées d'un ton et d'un air qui ne laissèrent pas douter la princesse de Bengale un seul moment de l'effet qu'elle avait attendu de ses attraits. Elle ne fut pas scandalisée de la déclaration du prince de Perse, comme trop précipitée. Le rouge qui lui en monta au visage ne servit qu'à la rendre plus belle et plus aimable aux yeux du prince.

Quand le prince Firouz Schah eut achevé de parler : « Prince, reprit la princesse de Bengale, si vous m'avez fait un plaisir des plus sensibles en me racontant les choses surprenantes et merveilleuses que je viens d'entendre, d'un autre côté, je n'ai pu vous regarder sans frayeur dans la plus haute région de l'air, et, quoique j'eusse le bien de vous voir devant moi sain et sauf, je n'ai cessé néanmoins de craindre que dans le moment que vous m'avez appris que le cheval de l'Indien était venu se poser si heureusement sur la terrasse de mon palais. La même chose pouvait arriver en mille autres endroits ; mais je suis ravie de ce que le hasard m'a donné la préférence et l'occasion de vous faire connaître que le même hasard pouvait vous adresser ailleurs, mais non pas où vous puissiez être reçu plus agréablement et avec plus de plaisir.

« Ainsi, Prince, je me tiendrais offensée très sensiblement, si je voulais croire que la pensée que vous m'avez témoignée d'être mon esclave fût sérieuse, et que je ne l'attribuasse pas à votre honnêteté plutôt qu'à un sentiment sincère ; et la réception que je vous fis hier doit vous faire connaître suffisamment que vous n'êtes pas moins libre qu'au milieu de la cour de Perse.

« Quant à votre cœur, ajouta la princesse de Bengale d'un ton qui ne marquait rien moins qu'un refus, comme je suis bien persuadée que vous n'avez pas attendu jusqu'à présent à en disposer, et que vous ne devez avoir fait choix que d'une princesse qui le mérite, je serais fort fâchée de vous donner lieu de lui faire une infidélité. »

Le prince Firouz Schah voulut protester à la princesse de Bengale qu'il était venu de Perse maître de son cœur ; mais, dans le moment qu'il allait prendre la parole, une des femmes de la princesse, qui en avait l'ordre, vint avertir que le dîner était servi.

Cette interruption délivra le prince et la princesse d'une explication qui les eût embarrassés également, et dont ils n'avaient pas besoin. La princesse de Bengale demeura pleinement convaincue de la sincérité du prince de Perse ; et quant au prince, quoique la princesse ne se fût pas expliquée, il jugea néanmoins par ses paroles, et à la manière favorable dont il avait été écouté, qu'il avait lieu d'être content de son bonheur.

Comme la femme de la princesse tenait la portière ouverte, la princesse de Bengale, en se levant, dit au prince de Perse, qui fit la même chose, qu'elle n'avait pas coutume de dîner de si bonne heure ; mais, comme elle ne doutait pas qu'on ne lui eût fait faire un méchant souper, qu'elle avait donné ordre qu'on servît le dîner plus tôt qu'à l'ordinaire ; et, en disant ces paroles, elle le conduisit dans un salon magnifique, où la table était préparée et chargée d'une grande abondance d'excellents mets. Ils se mirent à table ; et, dès qu'ils eurent pris place, des femmes esclaves de la princesse, en grand nombre, belles et richement habillées, commencèrent un concert agréable d'instruments et de voix, qui dura pendant tout le repas.

Comme le concert était des plus doux et ménagé de manière qu'il n'empêchait pas le prince et la princesse de s'entretenir, ils passèrent une grande partie du repas, la princesse à servir le prince et à l'inviter de manger, et le prince, de son côté, à servir la princesse de ce qui lui paraissait le meilleur, afin de la prévenir, avec des manières et des paroles qui lui attiraient de nouvelles honnêtetés et de nouveaux compliments de la part de la princesse ; et, dans ce commerce réciproque de civilités et d'attentions l'un pour l'autre, l'amour fit plus de progrès, de part et d'autre, qu'en un tête-à-tête prémédité.

Le prince et la princesse se levèrent enfin de table. La princesse mena le prince de Perse dans un cabinet grand et magnifique par sa structure et par l'or et l'azur qui l'embellissaient avec symétrie, et richement meublé. Ils s'assirent sur le sofa, qui avait une vue très agréable sur le jardin du palais, qui fut admiré par le prince Firouz Schah, par la variété des fleurs, des arbustes et des arbres, tous différents de ceux de Perse, auxquels ils ne cédaient pas en beauté. En prenant occasion de lier la conversation avec la princesse par cet endroit :

« Princesse, dit-il, j'avais cru qu'il n'y avait au monde que la Perse où il y eût des palais superbes et des jardins admirables, dignes de la majesté des rois ; mais je vois bien que, partout où il y a de grands rois, les rois savent se faire bâtir des demeures convenables à leur grandeur et à leur puissance ; et, s'il y a de la différence dans la manière de bâtir et dans les accompagnements, elles se ressemblent dans la grandeur et dans la magnificence.

— Prince, reprit la princesse de Bengale, comme je n'ai aucune idée des palais de Perse, je ne puis porter mon jugement sur la comparaison que vous en faites avec le mien, pour vous en dire mon sentiment ; mais, quelque sincère que vous puissiez être, j'ai de la peine à me persuader qu'elle soit juste : vous voudrez bien que je croie que la complaisance y a beaucoup de part. Je ne veux pourtant pas mépriser mon palais devant vous : vous avez de trop bons yeux et vous êtes d'un trop bon goût pour n'en pas juger sainement ; mais je vous assure que je le trouve très médiocre quand je le mets en parallèle avec celui du roi mon père, qui le surpasse infiniment en grandeur, en beauté et en richesses. Vous m'en direz vous-même ce que vous en penserez quand vous l'aurez vu. Puisque le hasard vous a amené jusqu'à la capitale de ce royaume, je ne doute pas que vous ne vouliez bien le voir, et y saluer le roi mon père, afin qu'il vous rende les honneurs dus à un prince de votre rang et de votre mérite. »

En faisant naître au prince de Perse la curiosité de voir le palais de Bengale et d'y saluer le roi son père, la princesse se flattait que, si elle pouvait y réussir, son père, en voyant un prince si bien fait, si sage et si accompli en toutes sortes de belles qualités, pourrait peut-être se résoudre à lui proposer une alliance, en offrant de la lui donner pour épouse ; et par là, comme elle était bien persuadée qu'elle n'était pas indifférente au prince, et que le prince ne refuserait pas d'entrer dans cette alliance, elle espérait de parvenir à l'accomplissement de ses souhaits, en gardant la bienséance convenable à une princesse qui voulait paraître être soumise aux volontés du roi son père. Mais le prince de Perse ne lui répondit pas sur cet article conformément à ce qu'elle en avait pensé.

« Princesse, reprit le prince, le rapport que vous venez de me faire de la préférence que vous donnez au palais du roi de Bengale sur le vôtre me suffit pour ne pas faire difficulté de croire qu'il est sincère. Quant à la proposition que vous me faites de rendre mes respects au roi votre père, je me ferais non seulement un plaisir, mais même un grand honneur de m'en acquitter. Mais, Princesse, ajouta-t-il, je vous en fais juge vous-même : me conseilleriez-vous de me présenter devant la majesté d'un si grand monarque comme un aventurier, sans suite et sans un train convenable à mon rang ?

— Prince, repartit la princesse, que cela ne vous fasse pas de peine ; vous n'avez qu'à vouloir : l'argent ne vous manquera pas pour vous faire tel train qu'il vous plaira, je vous en fournirai. Nous avons ici des négociants de votre nation en grand nombre ; vous pouvez en choisir autant que vous le jugerez à propos pour vous faire une maison qui vous fera honneur. »

Le prince Firouz Schah pénétra l'intention de la princesse de Bengale ; et la marque sensible qu'elle lui donnait de son amour par cet endroit augmenta la passion qu'il avait conçue pour elle ; mais, quelque forte qu'elle fût, elle ne lui fit pas oublier son devoir. Il lui répliqua sans hésiter :

« Princesse, dit-il, j'accepterais de bon cœur l'offre obligeante que vous me faites, dont je ne puis assez vous marquer ma reconnaissance, si l'inquiétude où le roi mon père doit être de mon éloignement ne m'en empêchait absolument. Je serais indigne des bontés et de la tendresse qu'il a toujours eues pour moi, si je ne retournais au plus tôt, et ne me rendais auprès de lui pour les faire cesser. Je le connais ; et, pendant que j'ai le bonheur de jouir de l'entretien d'une princesse si aimable, je suis persuadé qu'il est plongé dans des douleurs mortelles, et qu'il a perdu l'espérance de me revoir. J'espère que vous me ferez la justice de comprendre que je ne puis sans ingratitude, et même sans crime, me dispenser d'aller lui rendre la vie, dont un retour différé trop longtemps pourrait lui causer la perte.

« Après cela, Princesse, continua le prince de Perse, si vous me le permettez et que vous me jugiez digne d'aspirer au bonheur de devenir votre époux, comme le roi mon père m'a toujours témoigné qu'il ne voulait pas me contraindre dans le choix d'une épouse, je n'aurais pas de peine à obtenir de lui de revenir, non pas en inconnu, mais en prince, demander de sa part au roi de Bengale de contracter alliance avec lui par notre mariage. Je suis persuadé qu'il s'y portera de lui-même dès que je l'aurai informé de la générosité avec laquelle vous m'avez accueilli dans ma disgrâce. »

De la manière que le prince de Perse venait de s'expliquer, la princesse de Bengale était trop raisonnable pour insister afin de lui persuader de se faire voir au roi de Bengale, et d'exiger de lui de rien faire contre son devoir et contre son honneur ; mais elle fut alarmée du prompt départ qu'il méditait, à ce qu'il lui parut, et elle craignit, s'il prenait congé d'elle sitôt, que, bien loin de lui tenir la promesse qu'il lui faisait, il ne l'oubliât dès qu'il aurait cessé de la voir. Pour l'en détourner, elle lui dit : « Prince, en vous faisant la proposition de contribuer à vous mettre en état de voir le roi mon père, mon intention n'a pas été de m'opposer à une excuse aussi légitime que celle que vous m'apportez, et que je n'avais pas prévue. Je me rendrais complice moi-même de la faute que vous commettriez si j'en avais la pensée ; mais je ne puis approuver que vous songiez à partir aussi promptement que vous semblez vous le proposer. Accordez au moins à mes prières la grâce que je vous demande, de vous donner le temps de vous reconnaître, et, puisque mon bonheur a voulu que vous soyez arrivé dans le royaume de Bengale plutôt qu'au milieu d'un désert, ou que sur le sommet d'une montagne si escarpée qu'il vous eût été impossible d'en descendre, d'y faire un séjour suffisant pour en porter des nouvelles un peu détaillées à la cour de Perse. »

Ce discours de la princesse de Bengale avait pour but que le prince Firouz Schah, en faisant avec elle un séjour de quelque durée, devînt insensiblement plus passionné pour ses charmes, dans l'espérance que par ce moyen l'ardent désir qu'elle apercevait en lui de retourner en Perse se ralentirait, et qu'alors il pourrait se déterminer à paraître en public et à se faire voir au roi de Bengale. Le prince de Perse ne put honnêtement lui refuser la grâce qu'elle lui demandait, après la réception et l'accueil favorable qu'il en avait reçus. Il eut la complaisance d'y condescendre ; et la princesse ne songea plus qu'à lui rendre son séjour agréable par tous les divertissements qu'elle put imaginer.

Pendant plusieurs jours, ce ne furent que fêtes, que bals, que concerts, que festins ou collations magnifiques, que promenades dans le jardin, et que chasses dans le parc du palais, où il y avait toutes sortes de bêtes fauves, de cerfs, biches, daims, chevreuils, et d'autres semblables, particulières au royaume de Bengale, dont la chasse, non dangereuse, pouvait convenir à la princesse.

A la fin de ces chasses, le prince et la princesse se rejoignaient dans quelque bel endroit du parc, où on leur étendait un grand tapis avec des coussins, afin qu'ils fussent assis plus commodément. Là, en reprenant leurs esprits et en se remettant de l'exercice violent qu'ils venaient de se donner, ils s'entretenaient sur divers sujets. Sur toutes choses, la princesse de Bengale prenait un grand soin de faire tomber la conversation sur la grandeur, la puissance, les richesses et le gouvernement de la Perse, afin que, du discours du prince Firouz Schah, elle pût à son tour prendre occasion de lui parler du royaume de Bengale et de ses avantages, et par là gagner sur son esprit de le faire résoudre à s'y arrêter ; mais il arriva le contraire de ce qu'elle s'était proposé.

En effet, le prince de Perse, sans rien exagérer, lui fit un détail si avantageux de la grandeur du royaume de Perse, de la magnificence et de l'opulence qui y régnaient, de ses forces militaires, de son commerce par terre et par mer jusqu'aux pays les plus éloignés, dont quelques-uns lui étaient inconnus, et de la multitude de ses grandes villes, presque toutes aussi peuplées que celle qu'il avait choisie pour sa résidence, où il avait même des palais tout meublés, prêts à le recevoir, selon les différentes saisons, de manière qu'il était à son choix de jouir d'un printemps perpétuel, qu'avant qu'il eût achevé, la princesse regarda le royaume de Bengale comme de beaucoup inférieur à celui de Perse par plusieurs endroits. Il arriva même que, quand il eut fini son discours, et qu'il l'eut priée de l'entretenir à son tour des avantages du royaume de Bengale, elle ne put s'y résoudre qu'après plusieurs instances de la part du prince.

La princesse de Bengale donna donc cette satisfaction au prince Firouz Schah, mais en diminuant plusieurs avantages par où il était constant que le royaume de Bengale surpassait le royaume de Perse. Elle lui fit si bien connaître la disposition où elle était de l'y accompagner qu'il jugea qu'elle pourrait y consentir à la première proposition qu'il lui en ferait ; mais il crut qu'il ne serait à propos de la lui faire que quand il aurait eu la complaisance de demeurer avec elle assez de temps pour la mettre dans son tort, au cas qu'elle voulût le retenir un peu plus longtemps et l'empêcher de satisfaire au devoir indispensable de se rendre auprès du roi son père.

Pendant deux mois entiers, le prince Firouz Schah s'abandonna entièrement aux volontés de la princesse de Bengale, en se présentant à tous les divertissements qu'elle put imaginer, et qu'elle voulut bien lui donner, comme si jamais il n'eût dû faire autre chose que de passer la vie avec elle de la sorte. Mais, dès que ce terme fut écoulé, il lui déclara sérieusement qu'il n'y avait que trop longtemps qu'il manquait à son devoir, et il la pria de lui accorder enfin la liberté de s'en acquitter, en lui répétant la promesse qu'il lui avait déjà faite de revenir incessamment, et dans un équipage digne d'elle et digne de lui, la demander en mariage dans les formes au roi de Bengale.

« Princesse, ajouta le prince, mes paroles peut-être vous seront suspectes, et que, sur la permission que je vous demande, vous m'avez déjà mis au rang de ces faux amants qui mettent l'objet de leur amour en oubli dès qu'ils en sont éloignés ; mais, pour marque de la passion non feinte et non dissimulée avec laquelle je suis persuadé que la vie ne me peut être agréable qu'avec une princesse aussi aimable que vous l'êtes, et qui m'aime, comme je ne veux pas en douter, j'oserais vous demander la grâce de vous emmener avec moi, si je ne craignais que vous ne prissiez ma demande pour une offense. »

Comme le prince Firouz Schah se fut aperçu que la princesse avait rougi à ces dernières paroles, et que, sans aucune marque de colère, elle hésitait sur le parti qu'elle devait prendre : « Princesse, continua-t-il, pour ce qui est du consentement du roi mon père, et de l'accueil avec lequel il vous recevra dans son alliance, je puis vous en assurer. Quant à ce qui regarde le roi de Bengale, après les marques de tendresse, d'amitié et de considération qu'il a toujours eues et qu'il conserve encore pour vous, il faudrait qu'il fût tout autre que vous ne me l'avez dépeint, c'est-à-dire ennemi de votre repos et de votre bonheur, s'il ne recevait avec bienveillance l'ambassade que le roi mon père lui enverrait pour obtenir de lui l'approbation de notre mariage. »

La princesse de Bengale ne répondit rien à ce discours du prince de Perse ; mais son silence et ses yeux baissés lui firent connaître mieux qu'aucune déclaration qu'elle n'avait pas de répugnance à l'accompagner en Perse, et qu'elle y consentait. La seule difficulté qu'elle parut y trouver fut que le prince de Perse ne fût pas assez expérimenté pour gouverner le cheval, et qu'elle craignait de se trouver avec lui dans le même embarras que quand il en avait fait l'essai. Mais le prince Firouz Schah la délivra si bien de cette crainte, en lui persuadant qu'elle pouvait s'en fier à lui, et qu'après ce qui lui était arrivé il pouvait défier l'Indien même de le gouverner avec plus d'adresse que lui, qu'elle ne songea plus qu'à prendre avec lui des mesures pour partir si secrètement que personne de son palais ne pût avoir le moindre soupçon de leur dessein.

Elle réussit ; et, dès le lendemain matin, un peu avant

la pointe du jour, que tout son palais était encore enseveli dans un profond sommeil, comme elle se fut rendue sur la terrasse avec le prince, le prince tourna le cheval du côté de la Perse, dans un endroit où la princesse pouvait elle-même s'asseoir en croupe aisément. Il monta le premier ; et, quand la princesse se fut assise derrière lui à sa commodité, qu'elle l'eut embrassé de la main, pour plus grande sûreté, et qu'elle lui eut marqué qu'il pouvait partir, il tourna la même cheville qu'il avait tournée dans la capitale de Perse, et le cheval les enleva en l'air.

Le cheval fit sa diligence ordinaire ; et le prince Firouz Schah le gouverna de manière qu'environ en deux heures et demie il découvrît la capitale de la Perse. Il n'alla pas descendre dans la grande place d'où il était parti, ni dans le palais du sultan, mais dans un palais de plaisance, peu éloigné de la ville. Il mena la princesse dans le plus bel appartement, où il lui dit que, pour lui faire rendre les honneurs qui lui étaient dus, il allait avertir le sultan son père de leur arrivée, et qu'elle le reverrait incessamment ; que cependant il donnait ordre au concierge du palais, qui était présent, de ne lui laisser manquer de rien de toutes les choses dont elle pouvait avoir besoin.

Après avoir laissé la princesse dans l'appartement, le prince Firouz Schah commanda au concierge de lui faire seller un cheval. Le cheval lui fut amené, il le monta ; et, après avoir renvoyé le concierge auprès de la princesse, avec ordre, sur toutes choses, de la faire déjeuner de ce qui pouvait lui être servi le plus promptement, il partit ; et, dans le chemin et dans les rues de la ville par où il passa pour se rendre au palais, il fut reçu aux acclamations du peuple, qui changea sa tristesse en joie, après avoir désespéré de le revoir jamais depuis qu'il avait disparu. Le sultan son père donnait audience quand il se présenta devant lui au milieu de son conseil, qui était tout en habit de deuil, comme le sultan, depuis le jour que le cheval l'avait emporté. Il le reçut en l'embrassant avec des larmes de joie et de tendresse ; il lui demanda avec empressement ce que le cheval de l'Indien était devenu.

Cette demande donna lieu au prince de prendre l'occasion de raconter au sultan son père l'embarras et le danger où il s'était trouvé, après que le cheval l'eut enlevé dans l'air, de quelle manière il s'en était tiré, et comment il était arrivé ensuite au palais de la princesse de Bengale ; la bonne réception qu'elle lui avait faite ; le motif qui l'avait obligé de faire avec elle un plus long séjour qu'il ne devait, et la complaisance qu'il avait eue de ne la pas désobliger, jusqu'à obtenir d'elle enfin de venir en Perse avec lui, après lui avoir promis de l'épouser. « Et, Sire, ajouta le prince en achevant, après lui avoir promis en même temps que vous ne me refuseriez pas votre consentement, je viens de l'amener avec moi sur le cheval de l'Indien. Elle attend dans un des palais de plaisance de Votre Majesté, où je l'ai laissée, que j'aille lui annoncer que je ne lui en ai pas fait la promesse en vain. »

A ces paroles, le prince se prosterna devant le sultan son père pour le fléchir ; mais le sultan l'en empêcha, le retint, et, en l'embrassant une seconde fois : « Mon fils, dit-il, non seulement je consens à votre mariage avec la princesse de Bengale, je veux même aller au-devant d'elle en personne, la remercier de l'obligation que je lui ai en mon particulier, l'amener dans mon palais, et célébrer ses noces dès aujourd'hui. »

Ainsi le sultan, après avoir donné les ordres pour l'entrée qu'il voulait faire à la princesse de Bengale, ordonna que l'on quittât l'habit de deuil et que les réjouissances commençassent par le concert des timbales, des trompettes et des tambours, avec les autres instruments guerriers ; il commanda qu'on allât faire sortir l'Indien de prison, et qu'on le lui amenât.

L'Indien lui fut amené ; et, quand on le lui eut présenté : « Je m'étais assuré de ta personne, lui dit le sultan, afin que ta vie, qui cependant n'eût pas été une victime suffisante, ni à ma colère, ni à ma douleur, me répondît de celle du prince mon fils. Rends grâces à

Dieu de ce que je l'ai retrouvé. Va, reprends ton cheval, et ne parais plus devant moi. »

Quand l'Indien fut hors de la présence du sultan de Perse, comme il avait appris de ceux qui étaient venus le délivrer de prison que le prince Firouz Schah était de retour avec la princesse qu'il avait amenée avec lui sur le cheval enchanté, le lieu où il avait mis pied à terre et où il l'avait laissée, et que le sultan se disposait à aller la prendre et l'amener à son palais, il n'hésita pas à le devancer, lui et le prince de Perse, et sans perdre de temps il se rendit en diligence au palais de plaisance ; et, en s'adressant au concierge, il dit qu'il venait de la part du sultan et du prince de Perse pour prendre la princesse de Bengale en croupe sur le cheval et la mener en l'air au sultan qui l'attendait, disait-il, dans la place de son palais pour la recevoir et donner ce spectacle à sa cour et à la ville de Schiraz.

L'Indien était connu du concierge, qui savait que le sultan l'avait fait arrêter ; et le concierge fit d'autant moins de difficulté d'ajouter foi à sa parole qu'il le voyait en liberté. Il se présenta à la princesse de Bengale, et la princesse n'eut pas plus tôt appris qu'il venait particulièrement de la part du prince de Perse qu'elle consentit à ce que le prince souhaitait, comme elle se le persuadait.

L'Indien, ravi en lui-même de la facilité qu'il trouvait à faire réussir sa méchanceté, monta le cheval, prit la princesse en croupe avec l'aide du concierge : il tourna la cheville, et aussitôt le cheval les enleva, lui et la princesse, au plus haut de l'air.

Dans le même moment, le sultan de Perse, suivi de sa cour, sortait de son palais pour se rendre au palais de plaisance, et le prince de Perse venait de prendre le devant pour préparer la princesse de Bengale à le recevoir, comme l'Indien affectait de passer au-dessus de la ville avec sa proie, pour braver le sultan et le prince, et pour se venger du traitement injuste qui lui avait été fait, comme il le prétendait.

Quand le sultan de Perse eut aperçu le ravisseur, qu'il

ne méconnut pas, il s'arrêta avec un étonnement d'autant plus sensible et plus affligeant qu'il n'était pas possible de le faire repentir de l'affront insigne qu'il lui faisait avec un si grand éclat. Il le chargea de mille imprécations avec ses courtisans et avec tous ceux qui furent témoins d'une insolence si signalée et de cette méchanceté sans égale.

L'Indien, peu touché de ces malédictions dont le bruit arriva jusqu'à lui, continua sa route pendant que le sultan de Perse rentra dans son palais, extrêmement mortifié de recevoir une injure aussi atroce et de se voir dans l'impuissance d'en punir l'auteur.

Mais quelle fut la douleur du prince Firouz Schah, quand il vit qu'à ses propres yeux, sans pouvoir y apporter empêchement, l'Indien lui enlevait la princesse de Bengale, qu'il aimait si passionnément qu'il ne pouvait plus vivre sans elle. A cet objet auquel il ne s'était pas attendu, il demeura comme immobile ; et, avant qu'il eût délibéré s'il se déchaînerait en injures contre l'Indien, ou s'il plaindrait le sort déplorable de la princesse, et s'il lui demanderait pardon du peu de précaution qu'il avait pris pour se la conserver, elle qui s'était livrée à lui d'une manière qui marquait si bien combien il en était aimé, le cheval, qui emportait l'un et l'autre avec une rapidité incroyable, les avait dérobés à sa vue. Quel parti prendre ? Retournera-t-il au palais du sultan son père, se renfermer dans son appartement, pour se plonger dans l'affliction, sans se donner aucun mouvement à la poursuite du ravisseur pour délivrer sa princesse de ses mains et le punir comme il le méritait ? Sa générosité, son amour, son courage, ne le permettent pas. Il continue son chemin jusqu'au palais de plaisance.

A l'arrivée du prince, le concierge, qui s'était aperçu de sa crédulité et qu'il s'était laissé tromper par l'Indien, se présente devant lui les larmes aux yeux, se jette à ses pieds, s'accuse lui-même du crime qu'il croit avoir commis, et se condamne à la mort qu'il attend de sa main.

« Lève-toi, lui dit le prince ; ce n'est pas à toi que j'impute l'enlèvement de ma princesse, je ne l'impute qu'à moi-même et qu'à ma simplicité. Sans perdre de temps, va-moi chercher un habillement de derviche, et prends garde de dire que c'est pour moi. »

Peu loin du palais de plaisance, il y avait un couvent de derviches, dont le scheik ou supérieur était ami du concierge. Le concierge alla le trouver ; et, en lui faisant une fausse confidence de la disgrâce d'un officier de considération de la cour, auquel il avait de grandes obligations et qu'il était bien aise de favoriser pour lui donner lieu de se soustraire à la colère du sultan, il n'eut pas de peine à obtenir ce qu'il demandait ; il apporta l'habillement complet de derviche au prince Firouz Schah. Le prince s'en revêtit, après s'être dépouillé du sien. Déguisé de la sorte, et, pour la dépense et pour le besoin du voyage qu'il allait entreprendre, muni d'une boîte de perles et de diamants qu'il avait apportée pour en faire présent à la princesse de Bengale, il sortit du palais de plaisance à l'entrée de la nuit, et incertain de la route qu'il devait prendre ; mais, résolu de ne pas revenir qu'il n'eût retrouvé sa princesse et qu'il ne la ramenât, il se mit en chemin.

Revenons à l'Indien : il gouverna le cheval enchanté de manière que le même jour il arriva de bonne heure dans un bois près de la capitale du royaume de Cachemire. Comme il avait besoin de manger et qu'il jugea que la princesse de Bengale pouvait être dans le même besoin, il mit pied à terre dans ce bois, en un endroit où il laissa la princesse sur un gazon, près d'un ruisseau d'une eau très fraîche et très claire.

Pendant l'absence de l'Indien, la princesse de Bengale, qui se voyait sous la puissance d'un indigne ravisseur dont elle redoutait la violence, avait songé à se dérober et à chercher un lieu d'asile ; mais, comme elle avait mangé fort légèrement le matin, à son arrivée au palais de plaisance, elle se trouva dans une faiblesse si grande, quand elle voulut exécuter son dessein, qu'elle fut contrainte de l'abandonner et de demeurer sans autre ressource que dans son courage, avec une ferme résolution de souffrir plutôt la mort que de manquer de fidélité au prince de Perse. Ainsi elle n'attendit pas que l'Indien l'invitât une seconde fois à manger ; elle mangea, et elle reprit assez de force pour répondre courageusement aux discours insolents qu'il commença de lui tenir à la fin du repas. Après plusieurs menaces, comme elle vit que l'Indien se préparait à lui faire violence, elle se leva pour lui résister, en poussant de grands cris. Ces cris attirèrent en un moment une troupe de cavaliers qui les environnèrent, elle et l'Indien.

C'était le sultan du royaume de Cachemire, lequel, en revenant de la chasse avec sa suite, passait par cet endroit-là, heureusement pour la princesse de Bengale, et qui était accouru au bruit qu'il avait entendu. Il s'adressa à l'Indien, et il lui demanda qui il était, et ce qu'il prétendait de la dame qu'il voyait. L'Indien répondit avec impudence que c'était sa femme, et qu'il n'appartenait à personne d'entrer en connaissance du démêlé qu'il avait avec elle.

La princesse, qui ne connaissait ni la qualité ni la dignité de celui qui se présentait si à propos pour la délivrer, démentit l'Indien. « Seigneur, qui que vous soyez, reprit-elle, que le Ciel envoie à mon secours, ayez compassion d'une princesse, et n'ajoutez pas foi à un imposteur : Dieu me garde d'être la femme d'un Indien aussi vil et aussi méprisable ! C'est un magicien abominable, qui m'a enlevée aujourd'hui au prince de Perse, auquel j'étais destinée pour épouse, et qui m'a amenée ici sur le cheval enchanté que vous voyez. »

La princesse de Bengale n'eut pas besoin d'un plus long discours pour persuader au sultan de Cachemire qu'elle disait la vérité. Sa beauté, son air de princesse et ses larmes parlaient pour elle ; elle voulut poursuivre ; mais, au lieu de l'écouter, le sultan de Cachemire, justement indigné de l'insolence de l'Indien, le fit environner sur-le-champ, et commanda qu'on lui coupât la tête. Cet ordre fut exécuté avec d'autant plus de facilité que l'Indien, qui avait commis ce rapt à la sortie de sa prison, n'avait aucune arme pour se défendre.

La princesse de Bengale, délivrée de la persécution de l'Indien, tomba dans une autre qui ne lui fut pas moins douloureuse. Le sultan, après lui avoir fait donner un cheval, l'emmena à son palais, où il la logea dans l'appartement le plus magnifique après le sien, et il lui donna un grand nombre de femmes esclaves pour être auprès d'elle et pour la servir, avec des eunuques pour sa garde. Il la mena lui-même jusque dans cet appartement, où, sans lui donner le temps de le remercier de la grande obligation qu'elle lui avait, de la manière qu'elle l'avait médité : « Princesse, lui dit-il, je ne doute pas que vous n'ayez besoin de repos ; je vous laisse en liberté de le prendre. Demain vous serez plus en état de m'entretenir des circonstances de l'étrange aventure qui vous est arrivée. » En achevant ces paroles, il se retira.

La princesse de Bengale était dans une joie inexprimable de se voir en si peu de temps délivrée de la persécution d'un homme qu'elle ne pouvait regarder qu'avec horreur ; et elle se flatta que le sultan de Cachemire voudrait bien mettre le comble à sa générosité en la renvoyant au prince de Perse, quand elle lui aurait appris de quelle manière elle était à lui, et qu'elle l'aurait supplié de lui faire cette grâce ; mais elle était bien éloignée de voir l'accomplissement de l'espérance qu'elle avait conçue.

En effet, le roi de Cachemire avait résolu de l'épouser le lendemain, et il en avait fait annoncer les réjouissances dès la pointe du jour par le son des timbales, des tambours, des trompettes et d'autres instruments propres à inspirer la joie, qui retentissaient non seulement dans le palais, mais même par toute la ville. La princesse de Bengale fut éveillée par le bruit de ces concerts tumultueux, et elle en attribua la cause à tout autre motif que celui pour lequel il se faisait entendre. Mais, quand le sultan de Cachemire, qui avait donné ordre qu'on l'avertît lorsqu'elle serait en état de recevoir visite, fut venu la lui rendre, et qu'après s'être informé de sa santé, il lui eut fait connaître que les fanfares qu'elle entendait étaient pour rendre leurs noces plus solennelles, et l'eut priée en même temps d'y prendre part, elle en fut dans une consternation si grande qu'elle tomba évanouie.

Les femmes de la princesse, qui étaient présentes, accoururent à son secours, et le sultan lui-même s'employa pour la faire revenir ; mais elle demeura longtemps dans cet état avant qu'elle reprît ses esprits. Elle les reprit enfin ; et alors, plutôt que de manquer à la foi qu'elle avait promise au prince Firouz Schah, en consentant aux noces que le sultan de Cachemire avait résolues sans la consulter, elle prit le parti de feindre que l'esprit venait de lui tourner dans l'évanouissement. Dès lors elle commença à dire des extravagances en présence du sultan ; elle se leva même comme pour se jeter sur lui ; de manière que le sultan fut fort surpris et fort affligé de ce contre-temps fâcheux. Comme il vit qu'elle ne revenait pas en son bon sens, il la laissa avec ses femmes, auxquelles il recommanda de ne la pas abandonner et de prendre un grand soin de sa personne. Pendant la journée, il prit celui d'envoyer souvent s'informer de l'état où elle se trouvait, et chaque fois on lui rapporta, ou qu'elle était dans le même état, ou que le mal augmentait plutôt que de diminuer. Le mal parut même plus violent sur le soir que pendant le jour ; et, de la sorte, le sultan de Cachemire ne fut pas cette nuit-là aussi heureux qu'il se l'était promis.

La princesse de Bengale ne continua pas seulement le lendemain ses discours extravagants et d'autres marques d'une grande aliénation d'esprit ; ce fut la même chose les jours suivants, jusqu'à ce que le sultan de Cachemire fût contraint d'assembler les médecins de sa cour, de leur parler de cette maladie, et de leur demander s'ils ne savaient pas de remèdes pour la guérir.

Les médecins, après une consultation entre eux, répondirent d'un commun accord qu'il y avait plusieurs sortes et plusieurs degrés de cette maladie, dont les unes, selon leur nature, pouvaient se guérir, et les autres étaient incurables, et qu'ils ne pouvaient juger de quelle nature était celle de la princesse de Bengale qu'ils ne la vissent. Le sultan ordonna aux eunuques de les introduire dans la chambre de la princesse, l'un après l'autre, chacun selon son rang.

La princesse, qui avait prévu ce qui arrivait et qui craignit que, si elle laissait approcher des médecins de sa personne et qu'ils vinssent à lui tâter le pouls, le moins expérimenté ne vînt à connaître qu'elle était en bonne santé et que sa maladie n'était qu'une feinte, à mesure qu'il en paraissait, elle entrait dans des transports d'aversion si grands, prête à les dévisager s'ils approchaient, que pas un n'eut la hardiesse de s'y exposer.

Quelques-uns de ceux qui se prétendaient plus habiles que les autres, et qui se vantaient de juger des maladies à la seule vue des malades, lui ordonnèrent de certaines potions qu'elle faisait d'autant moins de difficulté de prendre qu'elle était sûre qu'il était en son pouvoir d'être malade autant qu'il lui plairait et qu'elle le jugerait à propos, et que ces potions ne pouvaient pas lui faire de mal.

Quand le sultan de Cachemire vit que les médecins de sa cour n'avaient rien opéré pour la guérison de la princesse, il appela ceux de sa capitale, dont la science, l'habileté et l'expérience n'eurent pas un meilleur succès. Ensuite il fit appeler les médecins des autres villes de son royaume, ceux particulièrement les plus renommés dans la pratique de leur profession. La princesse ne leur fit pas un meilleur accueil qu'aux premiers, et tout ce qu'ils ordonnèrent ne fit aucun effet. Il dépêcha enfin dans les États, dans les royaumes et dans les cours des princes voisins, des exprès avec des consultations en forme pour être distribuées aux médecins les plus fameux, avec promesse de bien payer le voyage de ceux qui viendraient se rendre à la capitale de Cachemire, et d'une récompense magnifique à celui qui guérirait la malade.

Plusieurs de ces médecins entreprirent le voyage ;

mais pas un ne put se vanter d'avoir été plus heureux que ceux de sa cour et de son royaume, et lui remettre l'esprit dans son assiette : chose qui ne dépendait ni d'eux, ni de leur art, mais de la volonté de la princesse elle-même.

Dans cet intervalle, le prince Firouz Schah, déguisé sous l'habit de derviche, avait parcouru plusieurs provinces et les principales villes de ces provinces avec d'autant plus de peine d'esprit, sans mettre les fatigues du chemin en compte, qu'il ignorait s'il ne tenait pas un chemin opposé à celui qu'il eût dû prendre pour avoir des nouvelles de ce qu'il cherchait.

Attentif aux nouvelles qu'on débitait dans chaque lieu par où il passait, il arriva enfin dans une grande ville des Indes, où l'on s'entretenait fort d'une princesse de Bengale à qui l'esprit avait tourné le même jour que le sultan de Cachemire avait destiné pour la célébration de ses noces avec elle. Au nom de princesse de Bengale, en supposant que c'était celle qui faisait le sujet de son voyage, avec d'autant plus de vraisemblance qu'il n'avait pas appris qu'il y eût à la cour de Bengale une autre princesse que la sienne, et sur la foi du bruit commun qui s'en était répandu, il prit la route du royaume et de la capitale de Cachemire. A son arrivée dans cette capitale, il se logea dans un khan, où il apprit dès le même jour l'histoire de la princesse de Bengale, et la malheureuse fin de l'Indien (telle qu'il la méritait) qui l'avait amenée sur le cheval enchanté : circonstance qui lui fit connaître, à ne pouvoir pas s'y tromper, que la princesse était celle qu'il venait chercher, et enfin la dépense inutile que le sultan avait faite en médecins qui n'avaient pu la guérir.

Le prince de Perse, bien informé de toutes ces particularités, se fit faire un habit de médecin dès le lendemain ; et, avec cet habit et la longue barbe qu'il s'était laissé croître dans le voyage, il se fit connaître pour médecin en marchant par les rues. Dans l'impatience où il était de voir sa princesse, il ne différa pas d'aller au palais du sultan, où il demanda à parler à un officier. On l'adressa au chef des huissiers, auquel il marqua qu'on pourrait peut-être regarder en lui comme une témérité qu'en qualité de médecin il vînt se présenter pour tenter la guérison de la princesse après que tant d'autres avant lui n'avaient pu y réussir ; mais qu'il espérait, par la vertu de quelques remèdes spécifiques qui lui étaient connus et dont il avait l'expérience, de lui procurer la guérison qu'ils n'avaient pu lui donner. Le chef des huissiers lui dit qu'il était bienvenu, que le sultan le verrait avec plaisir ; et, s'il réussissait à lui donner la satisfaction de voir la princesse dans sa première santé, qu'il pouvait s'attendre à une récompense convenable à la libéralité du sultan son seigneur et maître. « Attendez-moi, ajouta-t-il, je serai à vous dans un moment. »

Il y avait du temps qu'aucun médecin ne s'était présenté ; et le sultan de Cachemire, avec grande douleur, avait comme perdu l'espérance de revoir la princesse de Bengale dans l'état de santé où il l'avait vue, et en même temps dans celui de témoigner en l'épousant jusqu'à quel point il l'aimait. Cela fit qu'il commanda au chef des huissiers de lui amener promptement le médecin qu'il venait de lui annoncer.

Le prince de Perse fut présenté au sultan de Cachemire sous l'habit et le déguisement de médecin ; et le sultan, sans perdre de temps en des discours superflus, après lui avoir marqué que la princesse de Bengale ne pouvait supporter la vue d'un médecin sans entrer dans des transports qui ne faisaient qu'augmenter son mal, le fit monter dans un cabinet en soupente, d'où il pouvait la voir par une jalousie sans être vu.

Le prince Firouz Schah monta, et il aperçut son aimable princesse assise négligemment, qui chantait, les larmes aux yeux, une chanson par laquelle elle déplorait sa malheureuse destinée, qui la privait, peut-être pour toujours, de l'objet qu'elle aimait si tendrement.

Le prince, attendri de la triste situation où il vit sa chère princesse, n'eut pas besoin d'autres marques pour comprendre que sa maladie était feinte, et que c'était pour l'amour de lui qu'elle se trouvait dans une contrainte si affligeante. Il descendit du cabinet, et, après avoir rapporté au sultan qu'il venait de découvrir de quelle nature était la maladie de la princesse et qu'elle n'était pas incurable, il lui dit que, pour parvenir à sa guérison, il était nécessaire qu'il lui parlât en particulier, et seul à seul ; et, quant aux emportements où elle entrait à la vue des médecins, il espérait qu'elle le recevrait et l'écouterait favorablement.

Le sultan fit ouvrir la porte de la chambre de la princesse, et le prince Firouz Schah entra. Dès que la princesse le vit paraître, comme elle le prenait pour un médecin, dont il avait l'habit, elle se leva comme en furie, en le menaçant et en le chargeant d'injures. Cela ne l'empêcha pas d'approcher, et, quand il fut assez près pour se faire entendre, comme il ne voulait être entendu que d'elle seule, il lui dit d'un ton bas et d'un air respectueux à se rendre croyable : « Princesse, je ne suis pas médecin. Reconnaissez, je vous en supplie, le prince de Perse qui vient vous mettre en liberté. »

Au ton de voix et aux traits du haut du visage qu'elle reconnut en même temps, nonobstant la longue barbe que le prince s'était laissé croître, la princesse de Bengale se calma, et en un instant elle fit paraître sur son visage la joie que ce que l'on désire le plus et à quoi l'on s'attend le moins est capable de causer quand il arrive. La surprise agréable où elle se trouva lui ôta la parole pour un temps, et donna lieu au prince Firouz Schah de lui raconter le désespoir dans lequel il s'était trouvé plongé, dans le moment qu'il avait vu l'Indien la ravir et l'enlever à ses yeux ; la résolution qu'il avait prise dès lors d'abandonner toute chose pour la chercher en quelque endroit de la terre qu'elle pût être, et de ne pas cesser qu'il ne l'eût trouvée et arrachée des mains du perfide ; et par quel bonheur enfin, après un voyage ennuyeux et fatigant, il avait la satisfaction de la retrouver dans le palais du sultan de Cachemire. Quand il eut achevé, en moins de paroles qu'il lui fut possible, il pria la princesse de l'informer de ce qui lui était arrivé depuis son enlèvement jusqu'au moment où il avait le bonheur de lui parler, en lui marquant qu'il était important qu'il eût cette connaissance, afin de prendre des mesures juste pour ne la pas laisser plus longtemps sous la tyrannie du sultan de Cachemire.

La princesse de Bengale n'avait pas un long discours à tenir au prince de Perse, puisqu'elle n'avait qu'à lui raconter de quelle manière elle avait été délivrée de la violence de l'Indien par le sultan de Cachemire, en revenant de la chasse, mais traitée cruellement le lendemain par la déclaration qu'il était venu lui faire du dessein précipité qu'il avait pris de l'épouser le même jour, sans lui avoir fait la moindre honnêteté pour prendre son consentement : conduite violente et tyrannique, qui lui avait causé un évanouissement après lequel elle n'avait vu de parti à prendre que celui qu'elle avait pris, comme le meilleur pour se conserver au prince auquel elle avait donné son cœur et sa foi, de mourir plutôt que de se livrer à un sultan qu'elle n'aimait pas et qu'elle ne pouvait aimer.

Le prince de Perse, à qui la princesse n'avait en effet autre chose à dire, lui demanda si elle savait ce que le cheval enchanté était devenu après la mort de l'Indien. « J'ignore, répondit-elle, quel ordre le sultan peut avoir donné là-dessus ; mais, après ce que je lui en ai dit, il est à croire qu'il ne l'a pas négligé. »

Comme le prince Firouz Schah ne douta pas que le sultan de Cachemire n'eût fait garder le cheval soigneusement, il communiqua à la princesse le dessein qu'il avait de s'en servir pour la ramener en Perse ; après être convenu avec elle des moyens qu'ils devaient prendre pour y réussir, afin que rien n'empêchât l'exécution, et particulièrement, qu'au lieu d'être en déshabillé comme elle était alors, elle s'habillerait le lendemain pour recevoir le sultan avec civilité quand il le lui amènerait, sans l'obliger néanmoins de lui parler.

Le sultan de Cachemire fut dans une grande joie quand le prince de Perse lui eut appris ce qu'il avait opéré, dès la première visite, pour l'avancement de la guérison de la princesse de Bengale. Le lendemain il le regarda comme le premier médecin du monde quand la princesse l'eut reçu d'une manière qui lui persuada que véritablement sa guérison était bien avancée, comme il le lui avait fait entendre.

En la voyant en cet état, il se contenta de lui marquer combien il était ravi de la voir en disposition de recouvrer bientôt sa santé parfaite ; et, après qu'il l'eut exhortée à concourir avec un médecin si habile pour achever ce qu'il avait si bien commencé, en lui donnant toute sa confiance, il se retira sans attendre d'elle aucune parole.

Le prince de Perse, qui avait accompagné le sultan de Cachemire, sortit avec lui de la chambre de la princesse, et, en l'accompagnant, il lui demanda si, sans manquer au respect qui lui était dû, il pouvait lui faire cette demande, par quelle aventure une princesse de Bengale se trouvait seule dans le royaume de Cachemire, si fort éloignée de son pays, comme s'il l'eût ignoré et que la princesse ne lui en eût rien dit ; mais il le fit pour le faire tomber sur le discours du cheval enchanté, et apprendre de sa bouche ce qu'il en avait fait.

Le sultan de Cachemire, qui ne pouvait pénétrer par quel motif le prince de Perse lui faisait cette demande, ne lui en fit pas un mystère : il lui dit à peu près la même chose que ce qu'il avait appris de la princesse de Bengale ; et, quant au cheval enchanté, qu'il l'avait fait porter dans son trésor, comme une grande rareté, quoiqu'il ignorât comment on pouvait s'en servir.

« Sire, reprit le feint médecin, la connaissance que Votre Majesté vient de me donner me fournit le moyen d'achever la guérison de la princesse. Comme elle a été portée sur ce cheval et que ce cheval est enchanté, elle a contracté quelque chose de l'enchantement, qui ne peut être dissipé que par de certains parfums qui me sont connus. Si Votre Majesté veut en avoir le plaisir, et donner un spectacle des plus surprenants à sa cour et au peuple de sa capitale, que demain elle fasse apporter le cheval au milieu de la place, devant son palais, et qu'elle s'en remette sur moi pour le reste : je promets de faire voir à ses yeux et à toute l'assemblée, en très peu de moments, la princesse de Bengale aussi saine d'esprit et de corps que jamais de sa vie ; et, afin que la chose se fasse avec tout l'éclat qu'elle mérite, il est à propos que la princesse soit habillée le plus magnifiquement qu'il sera possible, avec les joyaux les plus précieux que Votre Majesté peut avoir. »

Le sultan de Cachemire eût fait des choses plus difficiles que celles que le prince de Perse lui proposait pour arriver à la jouissance de ses désirs qu'il regardait si prochaine.

Le lendemain, le cheval enchanté fut tiré du trésor par son ordre, et posé de grand matin dans la grande place du palais ; et le bruit se répandit bientôt dans toute la ville que c'était un préparatif pour quelque chose d'extraordinaire qui devait s'y passer, et l'on y accourut en foule de tous les quartiers. Les gardes du sultan y furent disposés pour empêcher le désordre, et pour laisser un grand espace vide autour du cheval.

Le sultan de Cachemire parut ; et, quand il eut pris place sur un échafaud, environné des principaux seigneurs et officiers de sa cour, la princesse de Bengale, accompagnée de toute la troupe des femmes que le sultan lui avait assignées, s'approcha du cheval enchanté, et ses femmes l'aidèrent à monter dessus. Quand elle fut sur la selle, les pieds dans l'un et dans l'autre étrier, avec la bride à la main, le feint médecin fit poser autour du cheval plusieurs grandes cassolettes pleines de feu, qu'il avait fait apporter ; et en tournant à l'entour il jeta dans chacune un parfum composé de plusieurs sortes d'odeurs les plus exquises. Ensuite, recueilli en lui-même, les yeux baissés et les mains appliquées sur la poitrine, il tourna trois fois autour du cheval, en faisant semblant de prononcer certaines paroles ; et, dans le moment que les cassolettes exhalaient à la fois une fumée la plus épaisse, d'une odeur très suave, et que la princesse en était environnée de manière qu'on avait de la peine à la voir, ainsi que le cheval, il prit son temps, il se jeta légèrement en croupe derrière la princesse, porta la main à la cheville du départ, qu'il tourna ; et, dans le moment que le cheval les enlevait en l'air, lui et la princesse, il prononça ces paroles à haute voix, si distinctement que le sultan lui-même les entendit : *Sultan de Cachemire, quand tu voudras épouser des princesses qui imploreront ta protection, apprends auparavant à avoir leur consentement.*

Ce fut de la sorte que le prince de Perse recouvra et délivra la princesse de Bengale, et la ramena le même jour en peu de temps à la capitale de Perse, où il n'alla pas mettre pied à terre au palais de plaisance, mais au milieu du palais, devant l'appartement du roi son père ; et le roi de Perse ne différa la solennité de son mariage avec la princesse de Bengale qu'autant de temps qu'il en fallut pour les préparatifs, afin d'en rendre la cérémonie plus pompeuse et marquer davantage la part qu'il y prenait.

Dès que le nombre des jours arrêtés pour les réjouissances fut accompli, le premier soin que le roi de Perse se donna fut de nommer et d'envoyer une ambassade célèbre au roi de Bengale pour lui rendre compte de tout ce qui s'était passé, et pour lui demander l'approbation et la ratification de l'alliance qu'il venait de contracter avec lui par ce mariage, que le roi de Bengale, bien informé de toutes choses, se fit un honneur et un plaisir d'accorder.

CATALOGUE LIBRIO

CLASSIQUES

Alphonse Allais
À l'œil - n° 50
Anthologie de la poésie française
présentée par Sébastien Lapaque - n° 530
Boyer d'Argens
Thérèse philosophe - n° 422
Honoré de Balzac
Le Colonel Chabert - n° 28
Ferragus, chef des Dévorants - n° 226
La Vendetta - n° 302
Jules Barbey d'Aurevilly
Le Bonheur dans le crime - n° 196
Charles Baudelaire
Les Fleurs du Mal - n° 48
Le Spleen de Paris - n° 179
Les Paradis artificiels - n° 212
P. de Beaumarchais
Le Barbier de Séville - n° 139
Le Mariage de Figaro - n° 464
Bernardin de Saint-Pierre
Paul et Virginie - n° 65
Lewis Carroll
Les Aventures d'Alice au pays des merveilles - n° 389
Alice à travers le miroir - n° 507
Giacomo Casanova
Plaisirs de bouche - n° 220
John Cleland
Fanny Hill, la fille de joie - n° 423
Benjamin Constant
Adolphe - n° 489
Pierre Corneille
Le Cid - n° 21
Corse noire
Anthologie présentée
par Roger Martin - n° 444
Alphonse Daudet
Lettres de mon moulin - n° 12
Sapho - n° 86
Tartarin de Tarascon - n° 164
Denon Vivant
Point de lendemain - n° 425
Descartes
Le Discours de la méthode - n° 299
Charles Dickens
Un Chant de Noël - n° 146
Denis Diderot
Le Neveu de Rameau - n° 61
La Religieuse - n° 311
Fiodor Dostoïevski
L'Éternel Mari - n° 112
Le Joueur - n° 155
Alexandre Dumas
La Femme au collier de velours - n° 58
L'École [de Chateaubriand à Proust]
Anthologie présentée
par Jérôme Leroy - n° 380
Éloge de l'ivresse [d'Anacréon à Guy Debord]
Anthologie présentée par Sébastien Lapaque et Jérôme Leroy - n° 395
Épicure
Lettres et maximes - n° 363
Euripide
Médée - n° 527
Gustave Flaubert
Trois contes - n° 45
Anatole France
Le Livre de mon ami - n° 123
Théophile Gautier
Le Roman de la momie - n° 81
La Morte amoureuse - n° 263
La Genèse - n° 90
Khalil Gibran
Le Prophète - n° 185
Goethe
Faust - n° 82
Nicolas Gogol
Le Journal d'un fou - n° 120
La Nuit de Noël - n° 252
Grimm
Blanche-Neige - n° 248
Homère
L'Odyssée *(extraits)* - n° 300
Victor Hugo
Le Dernier Jour d'un condamné - n° 70
La Légende des siècles *(morceaux choisis)* - n° 341
Lucrèce Borgia - n° 517
Henry James
Une Vie à Londres - n° 159
Le Tour d'écrou - n° 200
Alfred Jarry
Ubu roi - n° 377
Franz Kafka
La Métamorphose - n° 3
Eugène Labiche
Le Voyage de Monsieur Perrichon - n° 270

Madame de La Fayette
La Princesse de Clèves - n° 57

Jean de La Fontaine
Le Lièvre et la tortue - n° 131

Les Lolitas
Anthologie présentée
par Humbert K. - n° 431

Jack London
Croc-Blanc - n° 347

Longus
Daphnis et Chloé - n° 49

Pierre Louÿs
Manuel de civilité - n° 255
(*pour lecteurs avertis*)

Nicolas Machiavel
Le Prince - n° 163

Malheur aux riches !
Anthologie présentée par Sébastien
Lapaque - n° 504

Stéphane Mallarmé
Poésie - n° 135

Marie de France
Le Lai du Rossignol et autres lais courtois
- n° 508

Marivaux
La Dispute - n° 477

Karl Marx et Friedrich Engels
Manifeste du parti communiste - n° 210

Guy de Maupassant
Le Horla - n° 1
Boule de Suif - n° 27
Une Partie de campagne - n° 29
La Maison Tellier - n° 44
Une Vie - n° 109
Pierre et Jean - n° 151
La Petite Roque - n° 217
Le Docteur Héraclius Gloss - n° 282
Miss Harriet - n° 318

Prosper Mérimée
Carmen - n° 13
Mateo Falcone - n° 98
Colomba - n° 167
La Vénus d'Ille - n° 236
La Double Méprise - n° 316

Mignonne, allons voir si la rose...
[La poésie du XVIe siècle]
Anthologie présentée
par Henry Bauchau - n° 458

Les Mille et Une Nuits
Histoire de Sindbad le Marin - n° 147
Aladdin ou la Lampe merveilleuse - n° 191
Ali Baba et les Quarante Voleurs - n° 298

Mirabeau
L'Éducation de Laure ou le Rideau levé -
n° 256 *(pour lecteurs avertis)*

Molière
Dom Juan ou le Festin de pierre - n° 14
Les Fourberies de Scapin - n° 181
Le Bourgeois Gentilhomme - n° 235
L'École des femmes - n° 277
L'Avare - n° 339
Le Tartuffe - n° 476
Le Malade imaginaire - n° 536

Montaigne
Anthologie présentée par Gaël Gauvin - n° 523

Thomas More
L'Utopie - n° 317

Alfred de Musset
Les Caprices de Marianne - n° 39

Andréa de Nerciat
Le Doctorat impromptu - n°424

Gérard de Nerval
Aurélia - n° 23
Sylvie - n°436

Ovide
L'Art d'aimer - n° 11

Charles Perrault
Contes de ma mère l'Oye - n° 32

Platon
Le Banquet - n° 76

Edgar Allan Poe
Double assassinat dans la rue Morgue - n° 26
Le Scarabée d'or - n° 93
Le Chat noir - n° 213
La Chute de la maison Usher - n° 293
Ligeia - n° 490

La Poésie des romantiques
Anthologie présentée
par Bernard Vargaftig - n° 262

Alexandre Pouchkine
La Fille du capitaine - n° 24
La Dame de pique - n° 74

Abbé du Prat
Vénus dans le cloître - n° 421

Abbé Prévost
Manon Lescaut - n° 94

Marcel Proust
Sur la lecture - n° 375
Un amour de Swann - n° 430
La Confession d'une jeune fille - n° 542

Rabelais
Anthologie présentée par
Sébastien Lapaque - n° 483

Jean Racine
Phèdre - n° 301
Britannicus - n° 390
Andromaque - n° 469

Raymond Radiguet
Le Diable au corps - n° 8
Le Bal du comte d'Orgel - n° 156

LITTÉRATURE CONTEMPORAINE

Richard Bach
Jonathan Livingston le goéland - n° 2
Le Messie récalcitrant - n° 315
Vincent Banville
Ballade irlandaise - n° 447
Pierre Benoit
Le Soleil de minuit - n° 60
Nina Berberova
L'Accompagnatrice - n° 198
Georges Bernanos
Un crime - n° 194
Un mauvais rêve - n° 247
Patrick Besson
Lettre à un ami perdu - n° 218
André Beucler
Gueule d'Amour - n° 53
Dermot Bolger
Un Irlandais en Allemagne - n° 435
Vincent Borel
Vie et mort d'un crabe - n° 400
Alphonse Boudard
Une bonne affaire - n° 99
Francis Carco
Rien qu'une femme - n° 71
Muriel Cerf
Amérindiennes - n° 95
Jean-Pierre Chabrol
La Soupe de la mamée - n° 55
Georges-Olivier Châteaureynaud
Le Jardin dans l'île - n° 144
Andrée Chedid
Le Sixième Jour - n° 47
L'Enfant multiple - n° 107
L'Autre - n° 203
L'Artiste - n° 281
La Maison sans racines - n° 350
Bernard Clavel
Tiennot - n° 35
L'Homme du Labrador - n° 118
Contes et légendes du Bordelais - n° 224
Jean Cocteau
Orphée - n° 75
Colette
Le Blé en herbe - n° 7
Raphaël Confiant
Chimères d'En-Ville - n° 240
Pierre Dac
Dico franco-loufoque - n° 128
Pierre Dac et Louis Rognoni
Bons baisers de partout
L'Opération Tupeutla (1) - n° 275
L'Opération Tupeutla (2) - n° 292
L'Opération Tupeutla (3) - n° 326

Philippe Delerm
L'Envol - n° 280
Virginie Despentes
Mordre au travers - n° 308
(pour lecteurs avertis)
André Dhôtel
Le Pays où l'on n'arrive jamais - n° 276
Philippe Djian
Crocodiles - n° 10
Roddy Doyle
Rendez-vous au pub - n° 429
Richard Paul Evans
Le Coffret de Noël - n° 251
Cyrille Fleidchman
Retour au métro Saint-Paul - n°482
Albrecht Goes
Jusqu'à l'aube - n° 140
Sacha Guitry
Bloompott - n° 204
Frédérique Hébrard
Le Mois de septembre - n° 79
Éric Holder
On dirait une actrice - n°183
Michel Houellebecq
Rester vivant - n° 274
La Poursuite du bonheur - n° 354
Inventons la paix - n°338
Jean-Claude Izzo
Loin de tous rivages - n° 426
L'Aride des jours - n° 434
Félicien Marceau
Le Voyage de noce de Figaro - n° 83
François Mauriac
Un adolescent d'autrefois - n° 122
Méditerranées
Anthologie présentée par Michel Le Bris et Jean-Claude Izzo - n° 219
Henry de Monfreid
Le Récif maudit - n° 173
La Sirène de Rio Pongo - n° 216
Alberto Moravia
Le Mépris - n° 87
Histoires d'amour - n° 471
Françoise Morvan
Lutins et lutines - n° 528
Sheila O'Flanagan
Histoire de Maggie - n° 441
Pensées de la cité
Par Zacharia Loumani, Héra, Aurélia Rossi- n° 484

DOCUMENTS ET ACTUALITÉS

L'Affaire Dreyfus
J'accuse et autres documents - n° 201
Samuel Aslanoff
La Coupe du monde à tous les stades - n° 529
Nathalie Baccus
Grammaire française - n° 534
Adrien Barrot
L'Enseignement mis à mort - n° 427
Bettane et Desseauve
Guide du vin - n° 396
Yveline Brière
Le Livre de la sagesse - n° 327
Le Livre de la méditation - n° 411
Le Livre de la paix intérieure - n° 505
Henri Brunel
Contes zen - n° 503
La relaxation, c'est facile ! - n° 561
André Comte-Sponville
Le bonheur, désespérément - n° 513
Conjugaison
n° 470
Coup de chaud sur la planète
En coédition avec *Le Monde* - n° 449
La Découverte des Indiens (1492-1550)
Documents et témoignages - n° 303
Les Droits de l'Homme
Anthologie présentée par Jean-Jacques Gandini - n° 250
Clarisse Fabre
Les Élections, mode d'emploi - n° 522
Jean-Henri Fabre
Histoires d'insectes - n° 465
Fées, sorcières ou diablesses
Anthologie présentée par Barbara Sadoul - n° 544
Les Femmes et la politique
En coédition avec *Le Monde* - n° 468
Jean-Jacques Gandini
Le Procès Papon - n° 314
Gérard Guégan
Debord est mort, le Che aussi. Et alors ? - n° 314
Gulliver
Dire le monde - n° 239
Musique ! - n° 269
World Fiction - n° 285
Israël / Palestine
En coédition avec *Le Monde* - n° 546
Jean-Charles
La Foire aux cancres - n° 132
Josué, Mathilde, Nina
Une seconde avant l'an 2000 - n° 479
Brigitte Kernel
Fan attitude - n° 525
Un été d'écrivains - n° 535
Adrien Le Bihan
Auschwitz Graffiti - n° 394
Mémoires de maîtres, paroles d'élèves
En coédition avec Radio France - n° 492
Mondes blancs
Festival Étonnants Voyageurs - n° 474
Catherine Normier
Bleus Marine - n° 509
Jean d'Ormesson
Une autre histoire de la littérature française
Le Moyen Âge et le XVIe siècle - n° 387
Le Théâtre classique - n° 388
Les Écrivains du grand siècle - n° 407
Les Lumières - n° 408
Le Romantisme - n° 439
Le Roman au XIXe siècle - n° 440
La Poésie au XIXe siècle - n° 453
La Poésie à l'aube du XXe siècle - n° 454
Le Roman au XXe siècle : Gide, Proust, Céline, Giono - n° 459
Écrivains et romanciers du XXe siècle - n° 460
Paroles de détenus
En coédition avec Radio France - n° 409
Paroles de Poilus
En coédition avec Radio France - n° 245
Paroles d'étoiles
En coédition avec Radio France - n° 549
La Peine de mort
En coédition avec *Le Monde* - n° 491
Plages
Anthologie présentée par Humbert K. - n° 475
Les Présidents de la Ve République
En coédition avec *Le Monde* - n° 521
Hubert Prolongeau
La Cage aux fous - n° 510
Pierre-André Taguieff
Du progrès - n° 428
Vive l'école républicaine !
Anthologie présentée par Philippe Muller - n° 310
Patrick Weber
L'Amour couronné - n° 531

Deirdre Purcell
Jésus et Billy s'en vont à Barcelone - n° 463
Vincent Ravalec
Du pain pour les pauvres - n° 111
Joséphine et les gitans - n° 242
Pour une nouvelle sorcellerie artistique - n°502
Orlando de Rudder
Bréviaire de la gueule de bois - n° 232
Gilles de Saint-Avit
Deux filles et leur mère - n° 254
(*pour lecteurs avertis*)
Patricia Scanlan
Mauvaises ondes - n° 457
Ann Scott
Poussières d'anges - n° 524
Albert t' Serstevens
L'Or du Cristobal - n° 33
Taïa - n° 88
Yves Simon
Le Souffle du monde - n° 481
Sortons couverts !
10 histoires de préservatifs - n° 290
Denis Tillinac
Elvis - n° 186
Marc Trillard
Un exil - n° 241
Henri Troyat
La Neige en deuil - n° 6
Le Geste d'Ève - n° 36
La Pierre, la Feuille et les Ciseaux - n° 67
Viou - n° 284
Une journée d'été
Anthologie - n° 374
Vladimir Volkoff
Un homme juste - n° 124
Un cas de force mineure - n° 166
Xavière
La Punition - n° 253
(*pour lecteurs avertis*)

Librio

298

Achevé d'imprimer en Europe
à Pössneck (Thuringe, Allemagne)
en octobre 2002 pour le compte de EJL
84, rue de Grenelle, 75007 Paris
Dépôt légal octobre 2002
1er dépôt légal dans la collection : mai 1999

Diffusion France et étranger : Flammarion